MICHAEL MARY

Lebt die Liebe, die ihr habt

Wie Beziehungen halten

ROWOHLT TASCHENBUCH VERLAG

Originalausgabe
Veröffentlicht im Rowohlt Taschenbuch Verlag,
Reinbek bei Hamburg, November 2008
Copyright © 2008 by Rowohlt Verlag GmbH,
Reinbek bei Hamburg
Umschlaggestaltung any.way, Cathrin Günther
(Foto: K. Vojnar/Getty Images)
Satz aus der DTL Documenta PostScript, InDesign,
bei Pinkuin Satz und Datentechnik, Berlin
Druck und Bindung CPI – Clausen & Bosse, Leck
Printed in Germany
ISBN 978 3 499 62451 3

Inhalt

Vorwort 7

Einleitung 9

Partner-Perspektive oder
Beziehungs-Perspektive? 14

Die Partner-Perspektive –
was Partner voneinander haben wollen

Der AMEFI-Komplex 19
Die Ganzheitserfahrung des Anfangs 24
Die Verklärung der Einheit auf dem Boden 29
Ein Mammutprojekt 40

Die Beziehungs-Perspektive –
was Partner miteinander haben können

Gute Gründe, jemanden zu lieben 59
Beziehungen als Verlauf sich
bedingender Reaktionen 64
Wo und wie Partner zusammenkommen 83

Unzufriedenheit – die Kluft zwischen
Wunsch und Wirklichkeit   90

Versuche, Beziehungen zu erhalten

Sinnvolle Probleme   109
Zielgerichtete Manipulation –
der Ansatz der Beziehungsgestaltung   117
Ausloten – der Ansatz der
Beziehungs-Erforschung   146

Leben, was man miteinander hat

Sich auf die Beziehung einstellen   173
Die eigene Beziehung wertschätzen   192
Das Geheimnis glücklicher Paare   205
Umgang mit schwierigen
Situationen und Phasen   217

Anmerkungen   223

Vorwort

Eine Beziehung, die zwei bis drei Jahre hält, wird von Wissenschaftlern heutzutage bereits mit dem stolzen Prädikat «Langzeitbeziehung» ausgezeichnet; und zweifellos gibt es zahlreiche Beziehungen, die 10 oder 20 Jahre oder sogar ein Leben lang währen, auch wenn deren Zahl stetig abnimmt. Damit stellt sich fast von selbst die Frage, was Langzeitpaare anders – oder wie es gern beschrieben wird – «richtig» machen. Was ist deren Geheimnis?

Das sogenannte Geheimnis von Langzeitpaaren ist relativ leicht gelüftet. Diese Paare stellen sich auf ihre Beziehung ein und erwarten nicht, dass ihre Beziehung sich vollständig nach den individuellen Wünschen der Partner richtet. Man kann es auch so ausdrücken:

> Die Langzeitpaare leben das Optimum dessen, was ihnen miteinander möglich ist, anstatt alles voneinander haben zu wollen, was sie sich erträumen.

Zwischen diesen beiden Möglichkeiten, mit Beziehungen umzugehen, besteht ein immenser Unterschied, den ich in diesem Buch ergründe. Ich werde dabei der Beziehungsdauer nicht unkritisch huldigen, aber die verbreitete Sehnsucht nach einer dauerhaften Beziehung ernst nehmen; und ich werde die Möglichkeiten und Grenzen der beziehungserhaltenden Aufforderung «Lebt die Liebe, die ihr habt!» auf nachvollziehbare und lebensnahe Weise darlegen.

Wie in allen meinen Büchern geht es auch in diesem Buch nicht darum, das Verhalten der Partner zu bewerten oder zu kritisieren. Ich glaube nicht, dass irgendjemand, sei es ein Psychologe, Berater, Therapeut oder Wissenschaftler, weiß, wie Beziehungen heute geführt werden sollten. Ich glaube an die Fähigkeit der Menschen, sich selbst zu regulieren; und ich glaube daran, dass es für jedes Paar eine ihm gemäße Beziehungsform gibt, die nur die Partner selbst finden können.

Mir geht es hier allein um die Beschreibung der Bedingungen, die aus meiner Sicht und aus meiner Erfahrung in der Beratungspraxis heraus zu dauerhaften Beziehungen führen.

Einleitung

Lassen Sie mich zuerst einige Worte zum Aufbau dieses Buches und zu dem, was Sie darin erwartet, sagen. Gleich zu Beginn werde ich in der Vorbemerkung zwei völlig unterschiedliche Sichtweisen auf Paarbeziehungen vorstellen. Es handelt sich auf der einen Seite um die gängige Partner-Perspektive, bei der die Partner im Zentrum der Betrachtung stehen. Auf der anderen Seite steht die Beziehungs-Perspektive, welche die Beziehung in den Mittelpunkt der Betrachtung stellt. Aus diesen beiden Sichtweisen ergeben sich sehr unterschiedliche Möglichkeiten, mit Beziehungen umzugehen, die ebenso unterschiedliche Folgen mit sich bringen. Diese beiden Umgangsweisen mit der Liebe und deren Auswirkungen für die Dauer von Beziehungen darzustellen wird Aufgabe dieses Buches sein.

Im ersten Teil widme ich mich der Partner-Perspektive. Wer sie einnimmt, entwickelt in den meisten Fällen eine Idealvorstellung: Er möchte alles mit einem für immer haben. Umfassende Liebe mit einem Partner auf unbegrenzte Dauer. Diese Vorstellung ist deshalb stark verbreitet, weil sie aus zwei Quellen gespeist wird. Zum einen aus der umfassenden Erfahrung von Verliebtheit, zum anderen aus der Unterstützung, die das Beziehungs-Ideal von großen Teilen der Gesellschaft erfährt.

Die Vorstellung, alles mit einem für immer haben zu können, ist reizvoll und problematisch zugleich. Wer ihr anhängt – und wer täte das nicht? –, glaubt zu wissen, wie eine Beziehung idealerweise beschaffen sein sollte. Wenn die reale Beziehung dann nicht sämtliche der Bedingungen erfüllt – und welche Beziehung täte das auf Dauer? –, meint man, die Beziehung an seine Erwartungen anpassen zu können, und versucht, sie entsprechend zu steuern.

Obwohl es zahllose Ratschläge und Bücher für eine derartige Beziehungsgestaltung gibt, zeigen sich Beziehungen erstaunlich resistent gegen Steuerungsversuche, ja sie reagieren geradezu allergisch darauf. Statt sich zu verbessern, werden sie oft stärker belastet und knicken nicht selten unter den gewaltigen Ansprüchen und Wünschen der Partner ein. In diesem Land trennen sich jährlich etwa 2,2 Millionen Paare, davon 250 000 verheiratete. Ich meine, dass viele dieser Beziehungen am AMEFI-Ideal zerbrechen. Es spräche demnach vieles dafür, sich von diesem Ideal zu lösen und die Partner-Perspektive zu verlassen.

Im zweiten Teil befasse ich mich eingehend mit der Alternative zur Partner-Perspektive, also mit der Beziehungs-Perspektive. Wenn Partner sich von idealen Vorstellungen abwenden und ihrer realen Beziehung zuwenden, begreifen sie ihre Beziehung als eine Geschichte sich gegenseitig bedingender Reaktionen aufeinander. Diese Reaktionen können weder durch feste Absichten noch durch besten Willen wirksam kontrolliert werden. Das bedeutet, dass sich die realen Möglichkeiten einer Beziehung erst in deren Verlauf erweisen, im Verlauf von Jahren. Aus der Beziehungs-Perspektive erkennen Partner, dass ein großer Unterschied zwischen ihren individuellen Wünschen und den Möglichkeiten ihrer Beziehung bestehen kann. Eine Beziehung hat sozusagen ihren eigenen Kopf, weshalb Beziehungen weit weniger von der Geschicklichkeit und den Fähigkeiten der Partner abhängen, als das allgemein vermutet oder dargestellt wird. Diese Erkenntnisse sind für viele Paare gleichermaßen überraschend und befreiend und ermöglichen einen anderen Umgang mit Veränderungen, die sich im Beziehungsverlauf unvermeidbar einstellen.

Im dritten Teil befasse ich mich mit den Grenzen und Möglichkeiten der Veränderung von Beziehungen. Das Thema Veränderung bringt eine Reihe anderer Fragen hervor. Wie kommt es, dass Partner mit einer Beziehung unzufrieden werden, mit der sie einst glücklich waren? Warum verändern sich Beziehungen überhaupt? Die Antworten auf diese Fragen machen deutlich, dass die Partner selbst das größte Problem für ihre Beziehung darstellen. Denn jeder Partner verändert sich im Laufe der Zeit, allerdings ohne das an sich selbst festzustellen. Stattdessen bemerkt er die eigene Veränderung indirekt, nämlich an ihren problematischen Auswirkungen auf die Beziehung.

Aus dieser Dynamik ergeben sich verblüffende Chancen. Der Vorgang bedeutet nämlich, dass Beziehungsprobleme einen Sinn haben. Sie enthalten Hinweise zu ihrer Lösung und lassen sich deshalb für den Erhalt der Beziehung nutzen. Beziehungsprobleme entstehen immer dann, wenn ein Partner nun auch in der Beziehung der veränderte Mensch sein will, der er unbemerkt schon geworden ist. Wenn sich Wege finden, als dieser veränderte Mensch in der Beziehung unterzukommen, wird er sie auf Dauer schätzen und erhalten. Anders ausgedrückt: Beziehungen halten nicht, weil die Partner irgendetwas richtig machen. Beziehungen halten, solange Partner ihre Probleme miteinander bewältigen wollen.

Ich werde darüber hinaus zeigen, dass sich die besten Chancen der Problembewältigung aus dem Bestreben ergeben, eine Beziehung auszuloten. Eine Beziehung auszuloten ist etwas völlig anderes, als sie gestalten oder kontrollieren zu wollen. Ausloten bedeutet, die Beziehung auf deren Möglichkeiten hin zu erforschen. Das Ausloten verdeutlicht, welchen Einfluss die Partner auf ihre Beziehung haben, und schafft Klarheit darüber, wie die Beziehung schließlich *ist*.

Im letzten Teil befasse ich mich mit den positiven Konsequenzen, die sich aus einer Anerkennung der Beziehung, *so wie sie ist,* ergeben. Eine dieser Folgen besteht in der Wertschätzung der Beziehung, eine weitere führt dazu, sich auf die Beziehung einzustellen und ihren Bedingungen gerecht zu werden. Genau darin besteht meiner Ansicht nach das Geheimnis glücklicher Paare. Glückliche Paare wollen nicht alles miteinander, was vorstellbar ist oder wünschenswert wäre, sondern leben die Liebe, die sie haben – und haben meist auch ein Leben unabhängig von der Beziehung.

Weil auch glückliche oder Langzeitpaare nie im Paradies der Problemfreiheit ankommen werden, gebe ich gegen Ende des Buches einige erprobte Hinweise auf den Umgang mit schwierigen Situationen. Dabei steht die Frage im Vordergrund, wie jeder Partner in seiner Beziehung er selbst sein kann, damit er ein Motiv hat, die Beziehung fortzuführen.

Was können Partner aus der Lektüre dieses Buches gewinnen? Dazu fällt mir einiges ein. Wer eine Beziehungs-Perspektive einnimmt, befreit sich und seinen Partner von belastenden Vorstellungen. Zudem vermeidet er damit zusammenhängende Schuldzuweisungen und sinnlose Machtkämpfe. Natürlich wird er nach wie vor versuchen, seine Bedürfnisse und Interessen so weit als möglich in seiner Beziehung unterzubringen, aber er wird dies unter Verzicht auf überzogene Erwartungen tun, und es wird ihm leichter fallen, seine reale Beziehung zu schätzen. Er wird seine Beziehung in einem besseren Licht sehen und nicht krampfhaft herbeiführen wollen, was die Beziehung nicht hergeben will. Nicht zuletzt wird er wissen, dass seine Beziehung die Chance auf Dauer hat, solange er darin als ein sich verändernder Mensch auftritt und unterkommt.

Wenn Partner das schätzen, was ihre Beziehung ihnen auf Dauer bietet – und oft ist das erstaunlich viel –, bekommen viele Beziehungen die Chance, zu halten, und das auch über lange Zeiträume hinweg.

Partner-Perspektive oder Beziehungs-Perspektive?

Möchten Sie Ihre Beziehung möglichst schnell und effektiv zu Ende bringen? Dann habe ich einige gute, geradezu todsichere Tipps für Sie parat.

Als Erstes schreiben Sie eine lange Liste Ihrer Wünsche, Bedürfnisse, Sehnsüchte und dessen, was Sie sich von Ihrer Beziehung erträumen, und schichten diese Erwartungen aufeinander auf. Des Weiteren schenken Sie allem Glauben, was in den Medien, in Büchern und Filmen über sogenannte Traumpaare und andere Vorzeigepaare verbreitet wird. Als Nächstes phantasieren Sie sich die Beziehungen in Ihrem Freundeskreis als geradezu perfekt zurecht. Zum guten Schluss durchsuchen Sie auf Grundlage dieser gesammelten Vorstellungen Ihre Beziehung nach Mängeln und weisen die Schuld für unerwünschte Entwicklungen sich und/oder Ihrem Partner zu. Sie werden dann nicht lange warten müssen, bis aus diesem gewaltigen Erwartungsberg eine Lawine losbricht und Ihre Beziehung unter sich begräbt.

Eine solche Sichtweise auf Beziehungen nenne ich die Partner-Perspektive. Sie stellt die Wünsche der Partner in den Mittelpunkt und erklärt die Partner zu «Machern» und «Gestaltern» ihrer Beziehung. Deshalb ist es aus dieser Sicht heraus logisch, von «richtigem» oder «falschem» Verhalten, vom «richtigen» oder «falschen Partner», von «erfolgreichen» Paaren und dem «Versagen» der Partner oder einer angeblich zunehmenden «Beziehungsunfähigkeit» der Menschen zu sprechen. Aus der Partner-Perspektive steht fest: Wer eigentlich alles miteinander haben könnte und dennoch nicht alles miteinander hat, der ist selbst schuld, der verhält sich falsch und der muss lernen, es richtig zu machen. Wenn Sie dauerhaft eine solche Partner-Perspektive einnehmen, stehen die Chancen recht hoch, dass Ihre Beziehung nur wenige Jahre übersteht.

Wollen Sie dagegen eine Langzeitbeziehung führen, empfehle ich Ihnen eine andere Sicht auf die Dinge, nämlich die Beziehungs-Perspektive. Diese lenkt den Blick nicht auf die Wünsche der Partner, sondern auf die Beziehung, die *zwischen ihnen* entsteht. Damit wird nicht auf den einen oder anderen Partner gezielt, sondern auf die sich gegenseitig bedingenden Reaktionen der Partner aufeinander. Die Dynamik dieser Reaktionen übersteigt jede Kontrollfähigkeit und muss das tun, damit Liebe möglich sein kann. Eine kontrollierbare Liebe ist eine Unmöglichkeit, ist ein Widerspruch in sich, und das gilt ebenso für die Vorstellung einer kontrollierbaren Liebesbeziehung.

Aus der Beziehungs-Perspektive können die Partner nur begrenzt für ihre Beziehung verantwortlich gemacht werden. Eine solche Verantwortung würde nur Sinn machen, wenn die sich gegenseitig bedingenden Reaktionen steuerbar wären. Das ist aber nicht der Fall. Oder können Sie sagen, wie sich Ihr Partner nächsten Monat Ihnen gegenüber verhalten wird, wie Sie auf dieses Verhalten reagieren werden und welche Reaktion Sie dadurch wiederum auslösen? Und wie Sie sich anschließend fühlen werden und in welchem Zustand sich Ihre Beziehung dann befinden wird?

Zwischen den beiden Sichtweisen besteht ein großer Unterschied, der erhebliche Folgen mit sich bringt. Aus der Partner-Perspektive ist eine Beziehung für den Einzelnen (oder beide Partner) da, sie hat seine Wünsche zu erfüllen und sich seinen Vorstellungen anzupassen. Aus der Beziehungs-Perspektive ergibt sich eine andere Einschätzung der Lage. Dann geht es nicht zuerst um die Wünsche der Partner, sondern vor allem um das Angebot, das die Beziehung den Partnern macht. Im Vordergrund dieser Betrachtung stehen die realen *Möglichkeiten der Beziehung.* Diese hängen weitaus weniger von den Fähigkeiten und dem Geschick der Partner ab, als das weithin vermutet und behauptet wird.

Diesem Fehlschluss liegt der Gedanke zugrunde, Liebespartner könnten ihre Beziehungen bewusst aufbauen und absichtsvoll gestalten, so wie man ein Haus baut oder einen Garten anlegt. Wer diesen Standpunkt vertritt, muss millionenfache Trennungen und Scheidungen auf die angebliche Unfähigkeit der Partner zurückführen. Tatsächlich tauchten in den letzten Jahren vermehrt Forderungen auf, einen «Beziehungsführerschein» oder obligatorische «Ehekurse» einzurichten. Die Partner sollen auf solchen Veranstaltungen lernen, alles richtig zu machen. Selbstverständlich sind derartige Vorschläge unsinnig, weil man Liebesbeziehungen und Partnerschaften weder unter psychologische noch unter staatliche Aufsicht stellen kann. Aber diese Vorschläge zeigen, wie verbreitet die Hilflosigkeit von Paaren und der Gesellschaft insgesamt gegenüber dem realen Beziehungsverhalten der Menschen ist.

Die gängige Partner-Perspektive misst den Wert einer Beziehung allein an den individuellen Bedürfnissen und nicht an den gemeinsamen Möglichkeiten der Partner. Folgerichtig wird ein Partner oder werden beide für die scheinbare Unvollkommenheit der Beziehung verantwortlich gemacht. Man trennt sich und macht sich auf die Suche nach einem besseren Partner, dem sagenumwobenen «richtigen». Dieser gleicht dem nicht minder sagenumwobenen Yeti: Kaum glaubt man ihn gesehen zu haben, ist er schon wieder weg, und noch niemand ist es gelungen, ihn zu ergreifen, obwohl er überall Spuren hinterlässt.

Wenn Sie den Unterschied zwischen der Partner- und der Beziehungs-Perspektive nachvollziehen, was nach der Lektüre dieses Buches der Fall sein wird, erkennen Sie: Solange Sie sich einreden lassen, es liege an Ihnen oder Ihrem Partner, wenn Ihre Beziehung nicht alles gibt, so lange werden Sie sich auf die Suche nach besseren, nach perfekten Beziehungen machen und dabei viele gute Beziehungen aufgeben.

Nicht die Tatsache, dass heutzutage stark individualisierte Menschen Paarbeziehungen eingehen, führt zum Ende vieler Beziehungen. Vielmehr sind die hoffnungslose Selbstüberschätzung dieser Individuen, die Märchen von den perfekten und rundum glücklichen Paaren und die grundfalsche Machbarkeitsidee, man könnte Beziehungen entlang der eigenen Bedürfnisse steuern und sie nach eigenen Vorstellungen gestalten, für das unnötige Ende vieler guter Beziehungen verantwortlich.

Die Beziehungs-Perspektive kann irrige Vorstellungen über das Wesen von Liebe und Beziehungen korrigieren und Partner motivieren, zu ihrer Beziehung zu stehen, sie zu schätzen und sie zu erhalten. Dennoch ist es nicht leicht und erst recht nicht selbstverständlich, diese Sichtweise einzunehmen. Dem stehen die Hoffnungen und Sehnsüchte der Partner im Weg. Ich glaube aber, dass es Menschen leichter fällt, wenn sie mit der Partner-Perspektive und der Suche nach dem richtigen Partner bereits einmal oder mehrmals gescheitert sind.

Deshalb möchte ich mich im ersten Kapitel erst einmal mit der Partner-Perspektive, den ihr zugrunde liegenden Wünschen und Sehnsüchten und der Frage befassen, warum diese Sichtweise so verbreitet und so machtvoll ist.

DIE PARTNER-PERSPEKTIVE –

WAS PARTNER VONEINANDER HABEN WOLLEN

Der AMEFI-Komplex

«Diesmal muss es für immer sein,
denn ich hab genug von Träumerein.»

Diesem Schlagerrefrain, der mir fröhlich aus dem Autoradio entgegenschallte, verdankte ich einen herzhaften Lachanfall. Selten so gelacht, könnte man meinen und das Liedchen gleich vergessen. Doch der Text spiegelt recht genau die gängige Beziehungserwartung wider, in der eine Vorstellung mit deren Realisierbarkeit gleichgesetzt wird.

Der Sänger will «für immer» mit seiner Liebsten zusammen sein, denn er will nicht mehr träumen. Doch was ist die Vorstellung «für immer» anderes als ein Traum? Selbst wenn das ersehnte «für immer» mit der Liebsten eintreten sollte, wird er das erst am Ende seines Lebens feststellen können. Er singt ja nicht «Diesmal *könnte* es für immer sein», sondern zeigt in der Formulierung «muss», unter welchem enormen Druck er steht.

Der Mann steht unter Druck, weil sich zwischen seiner Erwartung und seiner Lebenserfahrung – wie bei den meisten Paaren – ein weiter Abgrund auftut. Sein Wort «diesmal» weist darauf hin, dass bereits mehrere vergebliche Anläufe zum Dauerglück stattfanden. Könnte es sein, dass diese vorigen Beziehungen an zu hohen Erwartungen scheiterten, und könnte der zunehmende Druck die beginnende Beziehung ebenso verlässlich scheitern lassen?

Was erwarten Partner heutzutage überhaupt voneinander? Lassen Sie mich die gängigsten dieser Erwartungen aufzählen.

Bestätigung für individuelle Eigenarten. Jeder Mensch ist anders. Die Eigenarten des Partners findet man anfangs sympathisch und liebenswert, aber im Lauf der Zeit lernt man auch andere Seiten an ihm kennen. Mit diesen «Macken» zu leben fällt nicht immer leicht, aber den Partner damit zu lieben ist oft schwer und manchmal unmöglich. Dennoch erwartet jeder Partner, auch damit akzeptiert und bestätigt zu werden. Er will sich auch mit seinen cholerischen oder verbissenen, herrischen oder angepassten, rebellischen oder nervigen Seiten geliebt fühlen.

Verständnis für das eigene Verhalten. Was immer er Unverständliches oder Merkwürdiges tut, auch dafür erwartet ein Partner Verständnis. Für den Partner muss man mehr Verständnis als für jeden anderen Menschen aufbringen, und das soll der andere ebenfalls tun. Er soll das Verhalten gegenüber anderen rechtfertigen und auf diese Weise zeigen, dass er zu einem steht.

Emotionale Zuwendung und Anteilnahme. Ein Partner erwartet Anteilnahme an seinen Gefühlen, mit denen er nicht allein gelassen sein will. Das erfordert kontinuierliche Zuwendung zum Innenleben des Partners, selbst und gerade unter belastenden Lebensumständen. Der Partner vertraut einem die größten Geheimnisse an, niemand sonst erhält einen derart tiefen Einblick in sein Innenleben, für das man permanent Interesse aufbringen soll.

Körperliche Nähe und Zärtlichkeit. Darüber hinaus erklärt jeder Partner den anderen für die Erfüllung körperlicher und zärtlicher Bedürfnisse zuständig. Die erwartete Nähe und Zärtlichkeit soll gerne, freiwillig und kontinuierlich gegeben werden.

Begehren und sexuelle Leidenschaft. Selbstverständlich will man vom Partner auch sexuell begehrt werden und leidenschaftliche Sexualität mit ihm erleben. Diese Erwartung ist auch dann vorhanden, wenn man selbst kein Begehren für den anderen aufbringt.

Geteilte Ansichten und Einstellungen. Erwartet wird auch, dass die Ansichten und Einstellungen der Partner weitgehend übereinstimmen. Mit seinen Ansichten möchte man nicht allein gelassen sein, sondern gerade von dem Menschen dafür bestätigt werden, auf dessen Meinung man großen Wert legt, weil man ihn liebt und braucht.

Geteilte Freizeitinteressen. Partner wollen ihre Freizeit miteinander verbringen und Interessantes miteinander erleben. Deshalb sollen ihnen die gleichen Dinge Freude bereiten. Tennis, Oper, Reisen – die gemeinsame Freizeit soll anregend, aufregend und erholsam sein.

Gegenseitige materielle Absicherung. Selbstverständlich erwartet man, dass der andere in Notzeiten für einen sorgt. Jeder will sich auch in materieller Hinsicht durch den Partner abgesichert und durch seine Unterstützung geborgen fühlen.

Alltägliche Unterstützung. Der Partner soll seine Unterstützung darüber hinaus in alltäglichen Dingen beweisen und bei der Alltagsorganisation behilflich sein.

Gemeinsame Lebensprojekte. Wer eine Familie gründen oder Kinder haben will, erwartet vom Partner aktive Teilhabe an diesem Vorhaben. Die im Projekt anfallenden Aufgaben sollen in solidarischer und verlässlicher Zusammenarbeit erledigt werden.

Gemeinsame Zukunftsvorstellungen. Zu guter Letzt erwarten Partner voneinander auch eine gemeinsame Ausrichtung auf das zukünftige Leben. Pläne und Vorhaben sollen übereinstimmen, man will das gesamte Leben miteinander verbringen.

Wenn Sie diese elf Anforderungen betrachten, werden die meisten Ihnen wahrscheinlich selbstverständlich erscheinen. Das sind sie ja auch, wir alle haben sie und stellen sie kaum in Frage. Schauen Sie sich diese Erwartungen aber auch unter der Bedingung an, nicht bloß einige davon, sondern alle zu erfüllen. Kommt da nicht eine ganze Menge und vielleicht zu viel zusammen? Wenn Sie dann noch den Zusatz «für immer» addieren und die Voraussetzung «mit einem» dazutun, dann wird der ganze Umfang dieser scheinbar so selbstverständlichen Ansprüche deutlich.

Ich bezeichne eine solche Vorstellung, nach der sämtliche grundlegenden Bedürfnisse nach menschlicher Verbundenheit mit einem einzigen Menschen – dem Beziehungspartner – erfüllt werden sollen, als die AMEFI-Vorstellung: **A**lles-**M**it-**E**inem-**F**ür-**I**mmer.

Wie verbreitet ist diese kaum bescheiden zu nennende Erwartung? Man kann wohl davon ausgehen, dass das AMEFI-Ideal heute bei fast 100 Prozent der Paare zu finden ist. Es ist derart verbreitet, dass es – völlig unabhängig davon, wie die Realität aussieht – kaum in Frage gestellt wird. Das hat meiner Ansicht nach zwei Gründe, die wir uns näher anschauen sollten. Zum einen wäre da die Ganzheitserfahrung des Anfangs, zum anderen stoßen wir auf eine Menge gesellschaftlicher Verklärungen.

Die Ganzheitserfahrung
des Anfangs

Es ist kein Zufall, dass die meisten fest davon überzeugt sind, mit dem richtigen Partner wäre es auf Dauer möglich, alles Erwünschte zu haben. Als Beweis für diese Überzeugung dient die eigene Erfahrung. Sie sind dem richtigen Partner bereits ein- oder mehrmals begegnet und haben alles mit ihm gehabt; und zwar in der Anfangszeit der Beziehung, als die Verliebtheit den Ton angab und das Erleben bestimmte.

Tatsächlich beginnen heute fast alle Beziehungen durch Verliebtheit. Und tatsächlich wähnen Verliebte, in jeder Hinsicht miteinander verbunden zu sein und alles miteinander zu haben, was in der Liebe möglich ist. Sie fühlen sich eins miteinander und verstehen sich derart blendend, als würden sie sich ewig kennen, mindestens ein Leben lang.

In der Verliebtheit scheinen alle AMEFI-Kriterien erfüllt zu sein. Die Verliebten haben *alles* (weil sie sich rundum verbunden fühlen), sie haben es *mit einem* (weil sie sich vollständig auf den Partner ausrichten), und sie haben es *für immer* (weil Gefühle zeitlos sind, sie kennen sich schon «ewig»). Verliebte sind absolut sicher, den AMEFI-Partner gefunden zu haben, weil die starken Gefühle ihr Bewusstsein ausfüllen und für Zweifel keinen Platz lassen. Dieser ist der Traumpartner, der Wunschpartner, mit dem endlich alles da ist und mit dem es für immer da sein wird.

Außenstehende schauen den verliebt Innenstehenden lächelnd zu und denken sich ihren Teil. Sie beneiden das verliebte Paar um seine Glückseligkeit und wissen dennoch, dass es sich um vorübergehende Gefühle handelt, nicht um eine praktizierte und die Zeit und wechselnde Lebenssituationen überstehende Verbundenheit in allen Lebensbereichen. Und sie enthalten sich klug jeglicher Kommentare. Haben Sie einmal versucht, einem Verliebten begreiflich zu machen, dass sein Ganzheitsempfinden vergehen wird, dass Differenzen auftauchen werden, Streit ausbrechen wird, unterschiedliche Lebensentwürfe deutlich werden können etc.? Versuchen Sie es besser nicht. Kein Verliebter wird sich aus seiner AMEFI-Welt, aus dieser wunderbaren Einheit, vertreiben lassen. Und das mit Recht, denn die Täuschung des Anfangs ist sinnvoll, wie sich gleich zeigen wird.

Wie kann diese Täuschung überhaupt entstehen? Das wird klar, wenn man versucht, eine Beziehung statt mit Täuschung mit Realismus einzuleiten. Stellen Sie sich vor, zwei Menschen begännen sich füreinander zu interessieren, wären sich aber unsicher, ob der andere wirklich der lang ersehnte ideale Partner ist. Um sich Gewissheit zu verschaffen, würden sie einander prüfen. Praktisch liefe das ungefähr so ab: Schon vor der ersten leidenschaftlichen Nacht fragt *sie* nach der Höhe seines Einkommens, und *er* will noch vor dem ersten Sex herausfinden, ob sie bereit wäre, ihre Karriere für die Erziehung seiner Kinder aufzugeben. *Sie* will wissen, welchen Freizeitinteressen er nachgeht und mit wie vielen anderen Frauen er schon im Bett war. *Er* möchte Genaues über die Erbschaftsverhältnisse ihrer Familie erfahren. Dann prüfen sie gegenseitig ihre Ess-, Einschlaf- und Urlaubsgewohnheiten und fragen sich in Bezug auf ihren Gesundheitszustand und krankheitsbedingte Risiken aus. Es scheint mehr als unwahrscheinlich, dass es so zu einer ersten Nacht und einem ersten Sex miteinander käme.

Dazu müssten die zahlreichen Erwartungen der Partner zufällig zueinander passen, was eher selten der Fall ist. Die harte Realität vorhandener Unterschiede – er verdient nicht viel, und sie will keine Kinder, er mag Drachenfliegen, und sie liebt das Ballett – würde das aufkeimende Liebesgefühl zerstören. Die Partner gingen auseinander, bevor sie zusammengekommen sind.

Verliebte wissen intuitiv um die Zerbrechlichkeit ihrer Gefühlswelten, so intensiv und unzerstörbar diese auch erscheinen mögen. Daher bewegen sie sich zueinander wie auf dünnem Eis. Sie tauschen Informationen nur vorsichtig aus, stellen zaghafte Fragen und geben vage Antworten. Sie machen sich schön füreinander, zeigen sich von ihrer besten Seite, machen einander Eindruck. Sie teilen, ohne das bewusst und in berechnender Absicht zu tun, vorwiegend Verbindendes mit. Trennendes wird, so gut es geht, voneinander ferngehalten. Ein falsches Wort könnte Wolken heraufziehen und eine voreilige Mitteilung den Himmel einstürzen lassen.

Zu diesem frühen Zeitpunkt werden keine wesentlichen Forderungen gestellt. Niemand sagt beispielsweise: «Mich gibt es nur, wenn du drei Kinder willst», oder: «Das mit uns klappt nur, wenn du deine Freizeitinteressen mit mir teilst», oder: «Ich lass mich nur auf dich ein, wenn wir gemeinsame Kasse machen.» Zwar werden auch solche Hintergrundthemen angesprochen, aber das geschieht lediglich in Andeutungen. Die Partner horchen sich nicht aus, sondern tasten sich zaghaft ab.

Beispielsweise sagt der Mann: «Ich finde Kinder schon süß und kann mir vorstellen, irgendwann welche zu haben.» Die Frau hört: «Er möchte Kinder mit mir haben», obwohl der

Mann nicht davon gesprochen hat, ob er sich mit *ihr* oder einer anderen Frau Kinder vorstellen kann. Auf Klärung wird jedoch nicht bestanden, jeder macht sich seinen Reim darauf. Tauchen dennoch unübersehbar unterschiedliche Vorstellungen auf, ist die Bereitschaft groß, diese Differenzen den eigenen Vorstellungen gemäß umzudeuten. Die Frau geht dann stillschweigend davon aus: «Wenn wir erst mal zusammen sind, wird er sich auf meinen Kinderwunsch einlassen», und der Mann denkt: «Wenn wir erst einmal zusammen sind, wird sie ihre Wohnung schon aufgeben und in mein Haus ziehen.» Und was passiert mit den wirklich krassen Gegensätzen? Die werden erst recht verheimlicht. Dass einer der Partner im Extremfall bereits eine Vorstrafe verbüßt hat oder an einer chronischen Krankheit leidet, erfährt der andere besser erst, wenn bereits zu viel Verbundenheit entstanden ist, um die Beziehung einfach so zu beenden.

Wüsste man von Beginn an das meiste vom anderen, würde man sich kaum auf eine Beziehung zu ihm einlassen. Zumindest nicht auf eine Liebesbeziehung, an die hohe Anforderungen und höchste Erwartungen gestellt werden. Der mit dem Fachbegriff der «selektiven Kommunikation» (auswählende Kommunikation) bezeichnete Austausch der Verliebten ist kein Trick, sondern eine schlichte Notwendigkeit. Ohne die gefühlsmäßige Verklärung des Anfangs würde es nicht zu Liebesbeziehungen kommen. Daher ist es besser, sich zu diesem frühen Zeitpunkt auf Zärtlichkeiten und Liebesschwüre und nicht enden wollende Liebesbeweise zu konzentrieren. Was tun Verliebte nicht alles füreinander? Kein Weg ist zu weit, kein Aufwand zu groß. Man findet immer irgendwie Zeit füreinander, man ist für den anderen da, nichts wird zu viel, und alles scheint möglich. Verliebte

27   *Die Partner-Perspektive*

lassen quasi bunte Seifenblasen aufsteigen, schöne Träume und süße Worte, deren Aufgabe es ist, eine Illusion völliger Gemeinsamkeit zu schaffen. Dieser emotionale Zustand breitet sich im Bewusstsein der Partner aus und lässt für wenig anderes Platz, schon gar nicht für Zweifel, kritische Gedanken oder trennende Wahrnehmungen. Das betrifft beide Partner, die ihren Himmel ja in unbewusster Zusammenarbeit gemeinsam erschaffen.

Das alles verfolgt einen Sinn. Verliebte müssen einander den Eindruck vermitteln, sich ganz und gar zu verstehen, sich ganz und gar zu akzeptieren, sich ganz und gar zu lieben, ganz und gar füreinander da zu sein, sich ganz und gar auf den anderen einzulassen, alle seine Gefühle, Gedanken, Träume und Sehnsüchte zu akzeptieren. Und sobald dieser Eindruck besteht, sind die Partner sicher, im Beziehungs-Paradies angekommen zu sein. Es lässt sich mit Verliebten nicht darüber diskutieren, ob sie wirklich alles miteinander haben, weil das ihrem Erleben widerspräche. Es lässt sich ebenso wenig mit ihnen darüber diskutieren, ob sie dieses Alles-Mit-Einem auf Dauer haben werden. Sie gehen wie selbstverständlich davon aus, dass ihre starken Gefühle die Zeit und alle Stürme überdauern werden.

Verliebte verklären, und beim Ausbau ihrer süßen Verklärung werden sie von der Gesellschaft nach Kräften unterstützt.

Die Verklärung der Einheit
auf dem Boden

Die AMEFI-Erwartung wird, wie gerade beschrieben, in eigentlich jeder Beziehung erfüllt. Jedenfalls erscheint das anfangs so und fühlt sich so an. Die Partner sind überzeugt: Wir haben alles miteinander – und was wir jetzt noch nicht haben, wird bald kommen! Lassen wir den Verliebten ihren Glauben, sonst bekommen wir Streit mit ihnen. Verliebtheit erfüllt schließlich nicht nur die wichtige Aufgabe, Partner intensiv aneinander zu binden, sondern heilt darüber hinaus manche persönliche Wunde und versöhnt Menschen mit einer manchmal harten Wirklichkeit. Für Verliebte ist nicht bloß der Partner der richtige, für sie ist aus den gleichen Gründen auch die Welt in Ordnung. So wie sie die individuellen Unterschiede zum Partner ausblenden, werden auch die Schrecken und Widersprüche der Welt ausgeblendet. Verliebte konzentrieren sich auf das Schöne, auf die Sonne, die Vögel, den Himmel und den Partner. Man stelle sich bloß ein Leben vor, in dem es keine Verliebtheit gäbe – es wäre kaum zu ertragen!

Die Frage, die in diesem Buch im Vordergrund steht, lautet aber: Lässt sich der heilsame *Eindruck der Einheit mit dem Partner* auch *dauerhaft* aufrechterhalten? Können die starken Gefühle füreinander ein Leben lang andauern? Können sie intensiv bleiben und – wie es von vielen Partnern und Psychologen behauptet wird – mit der Zeit noch stärker und tiefer werden?

Dass die Verliebtheitsgefühle des Anfangs auf Dauer nicht

zu halten sind, gehört zur allgemeinen Lebenserfahrung, das weiß jeder, der einmal verliebt war, und braucht deshalb nicht bewiesen zu werden. Der Eindruck des Einsseins hält dem Alltag und dem Leben nicht stand. Die Partner sind nicht in der Lage, auf Dauer nur Verbindendes in ihrem Bewusstsein zu halten und Trennendes außer Acht zu lassen. Diese psychische Leistung ist ihnen nur begrenzte Zeit möglich. Dann folgt eine mehr oder weniger sanfte und manchmal auch harte Landung auf dem Boden der Wirklichkeit.

War es das? Löst sich die Erwartung des Einsseins mit dieser ernüchternden Erfahrung auf? Verzichten die Partner zukünftig darauf, alles mit einem für immer haben zu wollen? Begnügen sie sich fortan mit weniger? Oder suchen sie gleich nach einem anderen Partner? Nein. Für derart harte Entscheidungen geschieht die Landung auf dem Boden zu langsam. Die Verliebtheit endet nicht schlagartig, sondern sie läuft aus. Die Ausflüge in den Himmel finden in größeren Abständen statt, und die anfangs unglaublich intensiven Gefühle flauen sehr allmählich ab. Es dauert viele Monate oder in Ausnahmefällen einige Jahre, bis die Landung auf dem Boden schließlich vollzogen ist.

Die zweite große Überhöhung

Aber während dieses Abstiegs ist viel anderes gewachsen. Es ist ein Gefühl inniger Vertrautheit entstanden, der Eindruck von Zusammengehörigkeit hat sich gefestigt, und es haben sich lieb gewonnene Gewohnheiten etabliert. Es hat sich eine andere Form der Verbundenheit eingestellt. Deshalb können und wollen Partner mit dem Ende der großen Verliebtheit nicht einfach auseinandergehen. Sie haben etwas verloren und etwas anderes gewonnen. Während die eine Liebe zurückging, ist die andere Liebe gewachsen. Auf diese andere «Liebe im Alltag» spielen Psychologen an, wenn sie von einer immerfort wachsenden und mit der Zeit immer größer werdenden Liebe der Partner sprechen. Diese wird dann als «Liebe auf dem Boden» oder «reife Liebe» bezeichnet oder trägt eine andere vielversprechende Bezeichnung.

> Das Ende der Verliebtheit bedeutet nicht das Ende der AMEFI-Vorstellung. Die Einheitserwartungen der Partner werden stattdessen auf die irdische Liebe übertragen. Die Alltagsliebe wird nun als wahre, echte, tiefste, eigentliche, umfassende und dauerhafte Liebe bezeichnet.

Damit stoßen wir auf die zweite große Idealisierung rund um das Thema Liebe und Paarbeziehung: die Idealisierung der Alltagsliebe. Diese Idealisierung wird nicht von Verliebten, sondern von Psychologen und Paartherapeuten und gern auch von Pfarrern und Politikern betrieben, also von Vertretern der Gesellschaft.

Das Hohelied dieser alltäglichen Partnerliebe hört sich aus dem Munde eines Psychologieprofessors im Jahre 2006 wie folgt an. Der Professor lässt über mehrere Seiten den Alltag zu Wort kommen, der die Verliebtheit zerstört und den Weg für die «wirkliche» Liebe frei macht:

Also sprach der Alltag ... Gut, ihr seid verliebt,
haltet eure Liebe für einmalig, ihre Dauer für ewig,
ihre Größe für unermesslich? Dann beweist es! ...

*Und ihr wisst, dass wahre Größe und Einmalig-
keit einen wirklichen Test erfordern ... Ihr werdet
müde sein, weil eure Kinder euch nicht schlafen
lassen ... Ihr werdet Konflikte und Auseinandersetzungen haben, wie ihr sie noch nie erlebt
habt ... mit keinem Feind bislang erlebt habt und
ihr werdet in der Wut den anderen verwünschen.
Ihr werdet Einsamkeit erleben, obwohl ihr zusammen seid und ihr werdet verzweifelt sein über
den anderen. Ihr werdet Zeiten haben, wo ihr
den anderen seht und euch am liebsten umdrehen
wollt ... Ihr werdet vom Geliebten bedrängt
werden, weil er euch nah sein will, aber ihr seine
Nähe nicht ausstehen könnt ... [usw. eine Seite
lang] Wenn eure Liebe so stark ist, dass ihr das
alles nicht nur aushalten könnt, sondern bejaht,
weil ihr es leben wollt, weil es das Leben ist, dann
nur zu ... Nehmt mich als Ratgeber, lernt mich
zu lieben, mich, den Alltag! Nur wenn ihr mich
lieben lernt, wird eure Liebe tief sein und länger
dauern als andere. Nur wenn ihr ... mich in eure
Arme schließt, den Stress, die Zeitnot, den Geld-
mangel und die Banalität, dann werdet ihr die
wirkliche Liebe kennenlernen! Nur dann!*[1]

Man mag sich fragen, ob der Professor bloß von der Alltagsliebe verzückt oder ob er auf Droge ist. Keinesfalls – er idea-
lisiert lediglich! Er macht Propaganda für die Alltagsliebe.
Dabei stellt er reihenweise Versprechen auf. *Nur wer ...* den
Alltag liebt, wird die wahre, die wirkliche Liebe kennenlernen, und *nur diese* Liebe wird tief sein und dauern! Das

könnte man so stehen lassen, wenn der Professor von einer *anderen* Liebe und deren anderen Möglichkeiten spräche, aber er spricht von der *wirklichen* Liebe. Wie sich später noch zeigen wird, gibt es diese einzige, wahre Liebe nicht.

Wie schafft man es nach Meinung der Psychologen, zu der idealen Beziehung, zu der beschworenen wahren, eigentlichen, tiefsten und reifsten Liebe zu gelangen? Dazu ist viel Arbeit und Anstrengung nötig. Um die hohe Kunst der wahren Liebe zu vermitteln, wurden in den letzten Jahrzehnten viele hundert Bücher geschrieben. Gleichzeitig werden Kurse und Therapien angeboten, in denen Kommunikation, Demut, Abgrenzung, Öffnung, Autonomie, Nähe, Sexualität, Erotik und Leidenschaft und andere Kleinigkeiten trainiert werden. Auch durch wissenschaftliche Untersuchungen ist der Eindruck hervorgerufen worden, der Erhalt und die Vertiefung der Liebe könnten durch Beziehungsarbeit garantiert werden.

Wie meine kritischen Bücher zu diesen Machbarkeitsansätzen zeigen, halte ich nicht allzu viel von dieser Einstellung.[2] Allerdings meine ich keinesfalls, es wäre sinnlos, sich mit einer Beziehung zu beschäftigen. Da könnte ich meine Tätigkeit als Paarberater an den Nagel hängen. Ich bezweifele aber, dass sich *an der Liebe* arbeiten lässt, und genau das wird meist behauptet.[3] Auf die Grenzen der sogenannten «Beziehungsgestaltung» und die alternativen Möglichkeiten des «Auslotens» von Beziehungen gehe ich im dritten Kapitel ausführlich ein.

Zweierlei Idealisierungen

Nun also haben Partner die Wahl zwischen zwei Idealisierungen: der Überhöhung der verliebten Liebe im Himmel und der Überhöhung der Alltagsliebe auf dem Boden. Man mag sich fragen, ob die eine oder andere Überhöhung besser ist. Ich halte beide für gleichermaßen begrenzt und strebe einen anderen Umgang mit der Liebe an, der im Grunde Thema dieses Buches ist und der später noch deutlich werden wird. An dieser Stelle genügt der Hinweis, dass aus meiner Sicht beide Überhöhungen lediglich zu anderen Zwecken gebraucht werden. Die Idealisierung der verliebten Liebe brauchen wir, um eine Beziehung einzugehen, und die Idealisierung der Alltagsliebe, um diese Beziehung durchzuhalten. Zumindest werden diese Idealisierungen von Partnern gebraucht, die auf die AMEFI-Vorstellung nicht verzichten wollen oder können.

Ein Teppich des Schweigens

Ob es sich um die Idealisierung der Verliebtheit oder die Idealisierung der Alltagsliebe handelt, in jedem Fall sind Partner von massiven gesellschaftlichen Verklärungen umgeben. Weil diese Verklärungen sich mit ihren Sehnsüchten decken, hängen die meisten Menschen der AMEFI-Vorstellung an und sind gern bereit, diese umfassende Liebe überall zu entdecken. Weniger bei sich selbst, dagegen spricht die eigene Lebenserfahrung, aber bei anderen Paaren. Dort, so phantasieren sie, wäre die große Liebe auf Dauer ganz sicher verwirklicht. Dabei ist der Wunsch Vater des Gedankens, dennoch kann sich dieser Irrtum zäh behaupten, wofür ich zwei Gründe sehe. Einer besteht im Schweigen über das Versagen des AMEFI-Ideals, der andere in beständigen Inszenierungen der Unwirklichkeit.

Über kaum einem anderen Lebensbereich wird ein vergleichbar dichter Teppich des Schweigens ausgebreitet wie über dem Bereich der Paarbeziehungen. Selbst beste Freunde erfahren vom Kern der eigenen Beziehung meist nichts. Etwa wie es im Bett aussieht, wie es um die Gefühlswelt der Partner bestellt ist, welche Enttäuschungen und Brüche aufgetreten sind und welche Kämpfe und kleinen Grausamkeiten oder gar Gewalttätigkeiten stattfinden. Zwar gibt es viele Umfragen zum Paarleben, doch wird darin beschönigt, geschummelt und gelogen, dass sich die Balken biegen. Selbst in der Paarberatung taucht die Wahrheit über eine Beziehung manchmal erst nach Wochen auf. So schilderte mir eine Frau ihre Beziehung als im Grunde gut, auch in der Sexualität laufe es ganz gut. Nach vier Wochen vertraute sie mir an, ihr Mann onaniere in sie hinein und sie sei sehr unglücklich darüber. Ähnliches begegnet mir in meiner Tätigkeit als Paarberater regelmäßig.

Männer und Frauen stehen unter dem enormen Druck eigener und fremder Erwartungen; und niemand will vor anderen *und schon gar nicht vor sich selbst* als Versager dastehen. Der drohenden Rede vom Versagen begegnen die Partner überall. Vor kurzem nahm ich an einer TV-Diskussionsrunde teil, in der sich eine junge Politikerin vehement für die Ehe einsetzte, im Sinn einer AMEFI-Vorstellung. Nach der Sendung erzählte sie, ihre Eltern hätten sich nach 33 Jahren Ehe scheiden lassen. Sie nehme es den beiden sehr übel, dass sie so schnell aufgegeben hätten. Ich war einen

Augenblick lang sprachlos. Hier hatten die Eltern durch ihr «schnelles» Auseinandergehen nach 33 Jahren offensichtlich die Idealvorstellung der Tochter angegriffen.

Durch ihr Schweigegebot stützen Partner im Einzelnen und die Gesellschaft insgesamt die AMEFI-Illusion. Reale Fakten wie Eheunglück und das Leid in krampfhaft zusammengehaltenen Beziehungen fallen unter ein Mitteilungs- und Beachtungs-Tabu; und auch die Forschung befasst sich kaum mit diesen Schattenseiten unserer Beziehungsvorstellung. Gleichzeitig werden andere Beziehungsentwürfe, die sogenannten alternativen Familienentwürfe, weitgehend diskriminiert. So wird beispielsweise ausgiebig vom Leiden der Scheidungskinder gesprochen, während das Leiden der Kinder unter notdürftig erhaltenen Beziehungen ignoriert wird. Oder es wird behauptet, viele Beziehungen gingen auseinander, weil die Partner sich falsch stritten; folgerichtig gibt es zahllose Forschungen zur Kunst des richtigen Streitens. Die Frage hingegen, wie viele Partner sich streiten, damit sie trotz ihrer eigenen, anders lautenden Erwartungen auseinandergehen können, ist meines Wissens noch nicht Gegenstand wissenschaftlicher Untersuchungen gewesen.

Inszenierungen des Ideals

Neben dem Schweigegebot hält eine weitere Verklärung den AMEFI-Komplex aufrecht. Diese besteht in gesellschaftsweiten Inszenierungen der großen Liebe und der idealen Partnerschaft. Hier führen vor allem die Medien ein schillerndes Beziehungstheater auf. Auf der medialen Bühne werden Traumpaare gefeiert, Stars und Sternchen lügen vor laufender Kamera, ohne rot zu werden, und zahllose Reportagen beschreiben eine scheinbar heile Welt der Liebe.

Zeuge solch einer Aufführung wurde ich in den letzten 20 Jahren häufig, beispielsweise im Rahmen einer Fernsehsendung, an der ich teilnahm. Man spielte mir einen kleinen Film über ein Schauspieler-Ehepaar vor, das seit über 30 Jahren verheiratet war und das sein Beziehungsleben in schillernden Farben ausmalte. Man müsse reden können, Geschenke machen, zärtlich sein und den anderen auch im Bett beglücken, verkündeten die beiden überschwänglich vor der Kamera. Ich sollte anschließend meinen Kommentar dazu geben, was dieses Paar richtig macht und was andere Paare von ihm lernen könnten. Nachdem die Kamera ausgeschaltet war, sprachen die Redakteurin und ich noch eine Weile miteinander. Dabei erfuhr ich, das Vorzeigepärchen habe sich während der mehrstündigen Aufnahmen unentwegt gestritten, es seien giftige Blicke und verletzende Bemerkungen hin- und hergeflogen, und die Atmosphäre in dem Haus sei derart unerträglich gewesen, dass das Aufnahmeteam froh war, als es seine Sachen zusammenpacken und abreisen konnte.

Für mich ist das nichts Neues, zu oft bin ich solchen Modellpaaren begegnet, in Talkshows oder den Reportagen von Zeitungen. Mehrmals riefen mich frustrierte Journalistinnen an, ob ich nicht ein Traumpaar kennen würde, eines, das nach 20 oder 30 Jahren noch alles miteinander habe – die Chefredaktion verlange einen entsprechenden Artikel. Diese Artikel erschienen dann in der gewünschten Form. Wundert es, dass wir täglich entsprechende Märchen geboten bekommen? Wir leben in einer Zeit, da jemand wie Boris

37   *Die Partner-Perspektive*

Becker einen Erziehungsratgeber schreiben kann, ohne dass Millionen Menschen lachend zusammenbrechen. Heute scheint alles möglich und vor allem natürlich: die wahre, die einzige, die vollkommene und lebenslange Liebe. Man muss es nur richtig machen!

Nun spreche ich hier von «der Gesellschaft». Handelt es sich etwa um eine Verschwörung? Nein, ganz sicher nicht. Es handelt sich um ein Rollenspiel nach dem Motto: Wenn wir an unseren Illusionen festhalten wollen, müssen wir uns vormachen, sie wären erfüllbar. Wir müssen Verklärungen aufbauen und an diese Trugbilder glauben. Wir müssen uns einreden, unsere kühnsten Träume wären zu verwirklichen.

In diesem gemeinsamen Rollenspiel nehmen die Leser der Romane und Groschenhefte sowie die Zuschauer der TV-Soaps und Schmonzetten à la «Traumschiff» die Rolle der Hoffnungskonsumenten und die Medienmacher die Rolle der Hoffnungslieferanten ein. Auch im therapeutischen Zusammenhang wird ein vergleichbares Rollenspiel aufgeführt, auf einer höheren Ebene selbstredend, was ich in meinem Buch *Fünf Lügen, die Liebe betreffend* ausführlich dargestellt habe. In diesem Fall nehmen Spezialisten teil, die die Geheimnisse der Liebe kennen, und Ratsuchende, die diese Geheimnisse erfahren und sich daran bereichern wollen.

Nein, es gibt keine böse Gesellschaft, die sich gegen den Einzelnen oder die Paare verschworen hat. Es gibt ein gemeinsames Bemühen um die Verwirklichung von Idealen und Sehnsüchten. Den an diesem Rollenspiel Beteiligten gemeinsam ist der Glaube an den AMEFI-Komplex. Dass es sich dabei um das Beziehungsideal eines Kulturkreises handelt, das zu keiner geschichtlichen Zeit verwirklicht wurde, geht dabei unter. Wir halten die AMEFI-Vorstellung sogar für natürlich, dabei ist die westliche Kultur die einzige, die an diesem Mammutprojekt arbeitet, und das auch erst seit knapp 300 Jahren und mit abnehmendem Erfolg.

Ein Mammutprojekt

Alle Liebe mit einem Partner für immer zu haben – ein ganzer Kulturkreis hat sich an die Verwirklichung dieses vielversprechenden Mammutprojektes gemacht. An diesem gesamtgesellschaftlichen Vorhaben ändert auch die Tatsache wenig, dass die meisten Partner schon mehrere Beziehungen oder Ehen hinter sich haben und ihrem AMEFI-Ideal somit vergeblich nacheifern. Wer Alles-Mit-Einem-Für-Immer will, kann diesem Wunsch schon in einer zweiten Beziehung oder Ehe nicht mehr gerecht werden. Bestenfalls ist noch Alles-Mit-Einem-Für-Den-Rest-Der-Zeit möglich. Zieht man die Geschiedenen, die Alleinlebenden, die Wiederverheirateten und vor allem die lang Zusammenlebenden, die zwar viel, aber bei weitem nicht alles miteinander haben, in die Betrachtung mit ein, wird klar, dass eigentlich niemand der AMEFI-Vorstellung gerecht wird. Das stellt an sich kein Drama dar, solange man dem Ideal *nicht* gerecht werden will, eben weil es sich um ein Ideal und nicht um die Wirklichkeit handelt. Doch wenn man diese Gelassenheit den eigenen Ansprüchen gegenüber nicht aufbringen kann, erwachsen daraus große Probleme. Selbstverurteilung, die Abwertung des Partners und Versagensgefühle sind einige davon.

Wie sieht die Wirklichkeit der großen Alles-Liebe aus? Kaum dreihundert Jahre nachdem diese Vorstellung erstmals in der Geschichte aufkam, ist sie weiter denn je von ihrer Verwirklichung entfernt. Soziologen weisen hingegen nach,[4] wie die Ehe langsam, aber sicher durch die Liebe aufgelöst wird, also durch den Versuch, die Leidenschaft auch für Ehepartner nutzbar zu machen. Vor diesem Zeitpunkt wurden Ehe und Liebe getrennt voneinander mit jeweils anderen Partnern gelebt. Daneben gab es eine weitere Form der Liebe: die Freundschaft zwischen Mann und Frau.[5]

Statt einer «wahren» Liebe drei unterschiedliche Formen der Liebe

Im Abschnitt «Verklärungen» habe ich Aussagen eines Psychologen über «die Liebe» zitiert. Darin wird die alltagsfähige Liebe zum Partner als wahre, echte, tiefste und eigentliche Liebe beschrieben. Durch diese Begriffswahl entsteht der Eindruck, es gäbe nur eine einzige Liebesform und nur eine richtige Art und Weise, in der sich Liebe ausdrückt. Mit einer derart zurechtgebogenen und monopolisierten Liebe lässt sich dann bestreiten, dass Verliebte die Liebe überhaupt kennen. Die «echte» Liebe zwischen Mann und Frau enthält nach Aussagen des zitierten Psychologieprofessors zudem als Kern die sexuelle Beziehung zwischen Mann und Frau. Damit würde auch den Paaren, die ohne sexuelle Verbindung zusammenleben, die wahre Liebe fremd sein.

Die Geschichte lehrt jedoch, dass es die viel beschworene «eine» Liebe zu keiner Zeit gab. Es gab eine als Verliebtheit bezeichnete Vereinigungsliebe. Es gab eine als Ehe bezeichnete Partnerliebe. Und es gab eine als Freundschaft bezeichnete Wesensliebe. Es gab also (und gibt!) drei verschiedene Liebesformen, die unterschiedliche Aufgaben erfüllten. Schauen wir uns diese Bindungsformen etwas genauer an. Dabei geht es einerseits um die spezifischen Aufgaben der jeweiligen Liebesform, andererseits möchte ich zeigen, wie diese Liebesformen im Laufe der geschichtlichen Entwicklung miteinander zur AMEFI-Vorstellung zusammengeführt wurden.

Die partnerschaftliche Liebe

Die partnerschaftliche Bindung zwischen Männern und Frauen diente traditionell der Sicherung des Überlebens. Ihre Aufgabe lag zuerst allein in der gemeinsamen Produktion von Nachwuchs, später auch in der gemeinsamen Produktion von Gütern. Diese beiden unverzichtbaren Aufgaben weisen auf eine enge Verbindung der Partnerschaft mit der wirtschaftlichen Entwicklung hin.

In der Frühzeit zogen die Menschen in kleinen Gruppen von zwanzig bis fünfzig Personen als sogenannte Wildbeuter umher. Damals sorgte diese Sippe gemeinsam für den Unterhalt aller, weshalb sich die Partnerschaft zwischen Mann und Frau aufs Kinderzeugen beschränkte; eine Familie im heutigen Sinn gab es nicht. Die heutige Kleinfamilie kam erst mit dem Bürgertum auf. Als die Menschen später sesshaft wurden, bildete sich privates Eigentum an Land und Gütern. Infolgedessen entstand das Interesse, dieses Eigentum den eigenen Nachkommen zu übergeben, wofür diese im Gegenzug die Eltern im Alter versorgten. Damit diese Vererbung funktionierte, mussten die Kinder eines Paares tatsächlich eigene Nachkommen sein. Das sollte durch die Ehe als Vertragsgemeinschaft und das dafür neu aufgestellte Treuegebot der Ehepartner gewährleistet werden.

Der Sinn der Ehe bestand also anfangs allein darin, Eigentumsfragen zu regeln. Das erklärt auch, warum es bis gegen Ende des 19. Jahrhunderts überhaupt nur besitzenden Ständen – dem Adel, den Bauern, den Handwerkern – gestattet war, zu heiraten. Besitzlosen wurde die Heiratserlaubnis von der Obrigkeit, also von Kirche und Staat, verweigert, weil diese nichts zu vererben und damit nichts zu regeln hatten.

Quer durch die Geschichte standen bei der partnerschaftlichen Bindung materielle und keinesfalls emotionale Gesichtspunkte an erster Stelle. Entsprechend schwer war es für Eheleute, ihre vertragliche Verbindung aufzulösen. Emotionale Gründe zählten als Scheidungsgründe nicht, weil die Ehe ja nicht aus emotionalen Gründen zustande kam. Deshalb mussten die Partner wohl oder übel zusammenbleiben, ob sie sich mochten oder nicht. Den Ehepartner nicht zu lieben war normal und ihn zu lieben wurde nicht bloß nicht erwartet, sondern war sogar unerwünscht. In einem materiellen Vertragsverhältnis mit gegenseitigen Versorgungsverpflichtungen ist auch heute noch der Kern der Ehe zu sehen. Das fällt den meisten Partnern allerdings erst bei der Scheidung auf, wenn es ums Bezahlen geht.

Der enge Zusammenhang der wirtschaftlichen Entwicklung mit der Ehe wurde deutlich, als sich im Bürgertum die Produktionsbedingungen ein weiteres Mal veränderten. Mittlerweile haben Sippe und Großfamilie an Bedeutung verloren, das Paar ist für seine Überlebenssicherung zunehmend selbst verantwortlich und muss gemeinsam für die Produktion von Nachwuchs und von Gütern sorgen. Die Kleinfamilie mit ihrer typischen Arbeits- und Rollenteilung entsteht. Der Mann übernimmt die materielle Sicherung, die Frau sichert die «Kindesaufzucht», das Paar wird zum Überlebensteam. Diese Kleinfamilie stellt bis heute das vorherrschende Familienmodell dar, auch wenn bereits neue Familienformen auftauchen und deren Verbreitung zunimmt. Diese neuen Familienformen hängen wiederum mit der wirtschaftlichen Entwicklung zusammen, vor allem damit, dass Partner sich jetzt unabhängig voneinander ernähren können und die materielle Abhängigkeit voneinander schwindet.

Partnerschaft unter heutigen Lebensbedingungen

Heute brauchen Partner sich nicht mehr, um ihr materielles Überleben zu gewährleisten, weil jeder für den eigenen Lebensunterhalt sorgen kann und weil der Staat für die Altersversorgung aufkommt. Dennoch spielt die Lebenspartnerschaft noch eine wichtige Rolle, weil es bestimmte Aufgaben gibt, die gemeinsam besser bewältigt werden können.

> Die heutige Partnerschaft dient der Lebensbegleitung, der gemeinsamen Bewältigung des Alltags und/oder einem gemeinsamen Berufs- oder Familienprojekt.

Heutige Lebenspartner unterstützen sich teils in materieller und sozialer, aber vor allem in emotionaler Hinsicht, oder sie widmen sich einer gemeinsamen Lebensaufgabe wie der Familie. Die wesentliche Aufgabe einer Partnerschaft besteht demnach in der Begleitung auf der Reise durch ein Leben oder durch einen großen Lebensabschnitt. Diese begleitende Aufgabe der Partnerschaft wird in einem Begriff deutlich, der inzwischen aus der Mode gekommen ist. Früher sprach man von der «Gattenliebe». Das Wort «Gatte» bedeutet «Gefährte», und das trifft ziemlich genau, was Ehepartner einst füreinander waren und was Lebenspartner auch heute füreinander sind: Gefährten, Verbundene in gemeinsamen Projekten.

Nun fällt eines auf. Man hätte einfach vom «Gatten» und von der «Gattin» sprechen können, aber man sprach von Gatten*liebe*. Was hatte gemeinsame Aufgabenbewältigung mit Liebe zu tun? Konnten in arrangierten Ehen, die nicht den Gefühlen, sondern dem sozialen und materiellen Überleben dienten, tatsächlich Liebesgefühle entstehen? Zweifellos war das möglich, aber diese Liebe war weder eine leidenschaftliche noch eine freundschaftliche Liebe. Diese Liebe entstand aus gegenseitiger Sorge.

> Lebenspartner sind Partner, deren Liebe sich in der gegenseitigen Sorge um- und füreinander ausdrückt.

Sorgte in Urzeiten die Sippe für den Einzelnen, und zwar nicht nur materiell, sondern auch indem sie Zugehörigkeit gab, übernehmen heute Lebenspartner diese Aufgaben. Heute gehört man nicht mehr zu einer Sippe, kaum noch zu einer Familie, aber zum Partner. Damit eine Partnerschaft ihren Versorgungs-, Begleitungs- und Beheimatungsaufgaben gerecht werden kann, muss sie vor allem eines: Sie muss funktionieren. Das kann sie am besten, wenn jeder Partner die Pflichten erfüllt, die sich aus seiner Rolle ergeben, und so seinen Teil für die Beziehung leistet. Dieser Aspekt der Leis-

45   *Die Partner-Perspektive*

tung ist ein zentrales Element von Partnerschaft, ich werde später noch darauf zurückkommen.

Bei Ehepaaren vergangener Zeiten genügte es, «gut zueinander zu sein». Damit war gemeint, dass jeder seinen Teil für die Partnerschaft leistete. Der Mann sorgte fürs Geld und war für den Außenbereich zuständig, die Frau sorgte für das Haus und den Innenbereich. Diese starre Rollenteilung hat sich mittlerweile überholt. Heute können Partner mit den Rollen innerhalb einer Partnerschaft flexibel umgehen, beispielsweise kann die Frau das Geld verdienen und der Mann sich um die Kinder kümmern, oder man teilt sich diese Aufgaben auf. Das ändert aber nichts an der Verpflichtung, füreinander verlässlich und leistungsbereit zu sein; und es ändert auch nichts an der dadurch empfundenen Liebe füreinander. Entsteht diese spezielle Form der Liebe nicht, gibt es heute keinen Grund, mit einem Partner den Alltag zu teilen.

Diese Ausführungen klingen ein wenig unromantisch, und entsprechend unromantisch muss man sich die geschichtliche Ehe und teilweise auch die heutige Lebenspartnerschaft vorstellen. Die partnerschaftliche Liebe ist warm, und sie fließt stetig, es handelt sich im Wortsinn um Liebe auf dem Boden. Diese Liebe lebt nicht von überschwänglichen Gefühlen, nicht von Hitze und dem Eindruck des Verschmelzens, nicht von der Sexualität und nicht vom Herzklopfen. Sie lebt von Anteilnahme und Sorge und Dankbarkeit für die Begleitung auf dem Lebensweg.

Selbstredend kamen (und kommen) auch zwischen Eheleuten oder Lebenspartnern andere Formen der Liebe vor, beispielsweise die leidenschaftliche Liebe. Diese wurde früher als sündig betrachtet und musste verheimlicht werden, um sich vor Spott oder Strafe zu schützen. Heute ist das Pendel ins andere Extrem ausgeschlagen. Heute wird die leidenschaftliche Bindung den Lebenspartnern zur Pflicht gemacht. Früher wurde die Leidenschaft außerhalb der Ehe gelebt, heute soll sie in der Ehe für Lebendigkeit sorgen. Schauen wir uns diese zweite Liebesform und ihren Bedeutungswandel etwas genauer an.

Die leidenschaftliche Liebe

Eine leidenschaftliche Bindung erfüllt gänzlich andere Aufgaben als eine Partnerschaft. Hier geht es nicht um Lebensbegleitung und erst recht nicht um gegenseitige Leistungsverpflichtung. In einer Liebesbeziehung wird – wie ich schon unter dem Stichwort «Verlieben» beschrieben habe – der *Eindruck psychischer Einheit* erzeugt. Obwohl die Partner zwei getrennte Menschen sind und bleiben, fühlen sie sich in der Leidenschaft miteinander verschmolzen. Jeder glaubt, die Gefühle und Gedanken des anderen verstehen und teilen zu können und dadurch ein Teil von ihm zu sein. Damit dieser Eindruck entstehen kann, ist die Leidenschaft ganz besonders auf die körperliche Verbindung der Partner angewiesen. Deshalb spielen Sexualität und Erotik die wesentlichsten Rollen in der leidenschaftlichen Liebe. Körperliche Nähe und die intime sexuelle Verbindung intensivieren das Einheitserlebnis stärker, als Emotionen allein das tun könnten.

Man mag sich fragen, wozu der Mensch den Zustand des Einsseins mit dem Partner derart dringend braucht, dass er auf die leidenschaftliche Liebe zu keiner Zeit verzichten konnte und das auch heute nicht kann. Die Antwort ist nicht schwer zu finden. Im Zustand der Verliebtheit ist der Mensch nicht mehr allein. Er wähnt, die Grenzen seines Ich überschritten zu haben, er meint sogar, sein Ich sei aufgelöst und mit dem des Partners verschmolzen. Offenbar hat der Mensch ein starkes Bedürfnis, sich von Zeit zu Zeit aus dem Käfig seiner Psyche zu befreien. Die Psyche ist ja gewissermaßen ein Gefängnis, weil darin alle Gedanken, Empfindungen und Eindrücke eingesperrt sind. Sie können aus diesem Käfig nicht hinaus, und niemand anderes kann in den Kopf oder das Herz eines anderen Menschen hinein. Deshalb ist der Mensch mit sich zutiefst einsam. Allein die Liebe verschafft ihm Gelegenheit, sich aus seiner Isolation befreit zu fühlen.

Hinter der Liebesbindung steckt demnach das Bedürfnis nach Selbstauflösung. In Fachkreisen wird der Vorgang als «Selbsttranszendenz» bezeichnet. Dieser Drang zur Selbstüberschreitung wird so alt sein wie die Psyche selbst. Daher haben sich Männer und Frauen zu allen Zeiten ineinander verliebt und im Zustand des Einsseins gebadet. Jahrtausendealte Liebesgedichte aus allen Kulturen und Epochen belegen das. Diese Liebe war jedoch außerhalb der Ehe und deren partnerschaftlicher Bindung angesiedelt, in speziellen Liebesbeziehungen. Noch heute lässt sich diese «Liebe um der Liebe willen» weltweit überall dort finden, wo eine Sippe fürs Überleben des Einzelnen sorgt und wo Frauen nicht von ihren Ehemännern abhängen, beispielsweise in China oder in einigen Gegenden Afrikas. Unter solchen Umständen sind Frauen und Männer frei, mit dem Partner ihres Herzens zu sein, mit dem sie aber nicht den Alltag verbringen, und sie sind frei, diese Bindung aufzulösen, wenn die Liebe gegangen ist.

Partnerliebe und leidenschaftliche Liebe werden zusammengeführt

Wie erwähnt, entstand die Notwendigkeit, die leidenschaftliche Liebe in der Ehe unterzubringen, erst nach der Romantik im erstarkenden Bürgertum. Die Menschen waren inzwischen von ihren Familienverbänden unabhängiger und wollten ihren Gefühlen mehr Raum geben. Zu diesem Einstellungswandel wurden sie durch die Romantik massiv aufgefordert. Die romantische Liebesvorstellung stand nämlich im krassen Gegensatz zur bisher vorherrschenden partnerschaftlichen Liebe. Sie ließ allein die emotional-leidenschaftliche Liebe als sogenannte einzige und wahre Liebe gelten. Wenn die Leidenschaft füreinander erlosch, sollten Partner auseinandergehen.

Die romantische Liebesvorstellung wurde der Lebensrealität der meisten Menschen allerdings nicht gerecht. Zwar wählten sich Partner zunehmend selbst und fühlten sich aufgrund ihrer größeren materiellen Unabhängigkeit dazu ermächtigt. Andererseits aber mussten Ehen nach wie vor auf Dauer ausgerichtet sein, weil die Kinder weiterhin für die Altersversorgung der Eltern zuständig waren und weil sich in der ehelichen Rollenteilung am besten wirtschaften ließ.

Unter diesen gesellschaftlichen Umständen entstand die Vorstellung der Vernunftehe als Kompromiss zwischen Partnerschaft und Leidenschaft. Die Vernunftehe gestand den Beziehungspartnern das Recht zu, sich aufgrund emotionaler Anziehung und Verliebtheit zu wählen. Anschließend aber sollten sie als Ehepartner auf vernünftige Weise zusammenleben. Damit war die heute noch weitgehend gültige Vorstellung der Liebe im Himmel, die von der Liebe auf dem Boden abgelöst werden soll, geboren.

Die Vernunftehe war in der Tat recht vernünftig, und das war und ist ihr großes Problem. Denn eine vom Willen abhängige Entscheidung wie Partnerschaft verträgt sich nicht mit einer gefühlsbestimmten, unwillkürlichen Bindung wie der Liebe. Partnerschaft kann man *leisten*, aber Liebe nicht, sie entflammt. Ein Funke springt über, oder der Blitz schlägt ein. Wie aber bringt man bewusste und unbewusste Motive zusammen? Die Vernunftehe versucht das Problem zu lösen, indem sie die beiden Liebesformen in eine zeitliche Reihenfolge setzt. Erst die Liebe, dann die Partnerschaft. Damit Paare bei diesem Kunststück mitziehen, wird die Leidenschaft, die von den Griechen bis ins Mittelalter noch als höchste Liebe bezeichnet wurde, heute als hormongesteuerte Verliebtheitsepisode abgetan, und das Bedürfnis nach Leidenschaft und Verliebtheit wird belächelt und als unreif bewertet. An der Bedeutung der Leidenschaft für die Menschen hat sich dadurch nichts geändert. Partner wollen nach wie vor nicht auf die leidenschaftliche Liebe verzichten.

Die Erfahrung der meisten Lebenspartner sagt, dass die Vernunft das Feuer der Leidenschaft im Laufe der Zeit auslöscht. Doch es ist keineswegs zwangsläufig, dass Verliebtheit enden muss. Das zeigen die Erfahrungen mit der oben erwähnten Besuchsehe, in der die leidenschaftliche Liebe nicht selten viele Jahre oder ein Leben lang hält. Fest steht aber, dass die Leidenschaft dort schneller endet, wo sie in eine Alltagsbeziehung aufgenommen wird. Mit der Alltagsbegleitung geht nämlich der nötige Abstand verloren, den es braucht, um sich intensiv nacheinander zu sehnen und im ersehnten Zusammenkommen zu verschmelzen.

Ehepartner waren indes nicht alternativlos. Ehebruch und Doppelleben gehören seit je zur Ehepraxis dazu, nicht erst im Bürgertum. Der Adel und andere besitzende Stände pflegten quer durch die Geschichte in gehörigem Umfang sowohl die Partnerschaft als auch die Leidenschaft. Wer konnte, lebte mit seinem Ehepartner und führte eine sexuelle Nebenbeziehung. Diese Praxis, die weltweit zu beobachten war und teils noch zu finden ist, könnte heute nach wie vor als Modell gelebt werden, wenn die materielle und soziale Abhängigkeit der Partner voneinander weiter bestünde. Doch heute ist niemand mehr gezwungen, einerseits beim Lebenspartner zu bleiben und andererseits für seine Leidenschaft zu sorgen. Heute trennen sich viele, wenn die Leidenschaft schwindet. Daher nimmt die Zahl der Scheidungen und Trennungen parallel zur wachsenden materiellen Unabhängigkeit der Partner zu.

Die schwierige Lage der Ehepartner und das Problem der «Doppelliebe» – Partnerschaft plus Leidenschaft – wurden nicht erst im 20. Jahrhundert deutlich. Scharfsinnigen Beobachtern der Mann-Frau-Beziehung fiel dies bereits früher auf. So bemerkte der Philosoph Nietzsche bereits im Jahr 1880, die gute Ehe beruhe auf dem Talent zur Freundschaft, und die meisten Ehen würden zerbrechen, weil die Partner einander keine Freunde wären. Damit sind wir bei der dritten Liebesform angelangt.

Die freundschaftliche Liebe

Eine freundschaftliche Bindung zwischen Männern und Frauen bestand wie die anderen Bindungsformen zu allen

Zeiten, allerdings kam ihr in Ehen und reinen Liebesbeziehungen keine vorrangige Bedeutung zu. Den Aufgaben der freundschaftlichen Bindung wurde – wie zuvor der Leidenschaft – außerhalb der Ehen entsprochen.

Worin bestehen die Aufgaben einer freundschaftlichen Verbundenheit? Hauptsächlich in der gegenseitigen Bestätigung des Wesens und im Ausleben gemeinsamer Interessen. Man findet den Freund faszinierend und inspirierend, führt gemeinsame Unternehmungen mit ihm durch und teilt Geheimnisse und Vorlieben mit ihm. Freundschaft beruht auf Sympathie und auf Gegenseitigkeit. Sie lebt vom praktizierten Wohlwollen, das sich in der guten Tat für den Freund beweist. Freunde tun sich gegenseitig Gutes, oder sie sind keine Freunde mehr.

Ich wies schon darauf hin, dass Freundschaft früher außerhalb von Paarbeziehungen stattfand. Sie wurde sogar in nach Männern und Frauen getrennten Gruppen gepflegt. So gab es in bürgerlichen Familien sowohl den Damensalon als auch das Herrenzimmer. Dort traf man sich mit Gleichgesinnten, tauschte sich aus, regte sich an und stritt sich. Dass Ehepartner miteinander über Politik und ihre Ansichten, über Gott und die Welt, über ihre Interessen und Sehnsüchte sprechen, war bis ins 20. Jahrhundert hinein unüblich, und das aus gutem Grund. Damit wurden Konflikte vermieden, welche die Partnerschaft gefährdet hätten. Weltsicht, Meinungen und Interessen waren Privatsache eines jeden Partners, mit denen Paarbeziehungen nicht belastet wurden.

Vermittlung durch die
freundschaftliche Liebe

Dennoch sollte sich erweisen, dass Freundschaft schließlich auch in einer Paarbeziehung gebraucht wird. Mit Sympathie und praktiziertem Wohlwollen beruht Freundschaft einerseits auf *emotionalen* Faktoren, andererseits lebt sie von einer *Verpflichtung*, der Loyalitätspflicht dem Freund gegenüber. Damit weist sie zwei Elemente auf, von denen eines, das emotionale Element, in der Liebesbindung vorkommt und das andere, die Leistungsverpflichtung, in der partnerschaftlichen Bindung. Trotz dieser Gemeinsamkeiten bleiben wesentliche Unterschiede bestehen, sodass Freundschaft, Partnerschaft und Leidenschaft voneinander getrennt bleiben. Beispielsweise hat ein Freund keinen Anspruch auf materielle Versorgung, und sexuelle und erotische Kontakte zu ihm sind tabu.

Freundschaft nimmt sozusagen einen Mittelplatz zwischen partnerschaftlicher und leidenschaftlicher Verbindung ein. Es leuchtet von daher ein, dass die freundschaftliche Liebe im beschriebenen Konflikt zwischen partnerschaftlicher Liebe und leidenschaftlicher Liebe vermitteln kann. Dieser Zusammenhang war Nietzsche – und sicher auch anderen – wie erwähnt bereits früh aufgefallen, indem er bemerkte, die meisten Ehen gingen an mangelnder Freundschaft zugrunde.

In die breite gesellschaftliche Diskussion gelangte die Anregung, freundschaftliche Liebe zum Partner zu entwickeln, erst im Verlauf des 20. Jahrhunderts. Dabei spielen Psychologie und Sexualwissenschaft eine wichtige Rolle. Therapeuten und Wissenschaftlern blieb nicht verborgen, dass sich Partnerschaft und Leidenschaft auf Dauer schlecht miteinander vertragen und dass Partner über die paradoxen Anforderungen stolpern, die sie sich selbst stellen. Sie wollen vertraut miteinander sein und zugleich fremd füreinander bleiben. Sie wollen sich aneinander anpassen und zugleich interessant füreinander sein. Sie wollen den Alltag nah beieinander verbringen und sich zugleich nacheinander sehnen.

Da diese Quadratur des Kreises nicht zufriedenstellend gelang, gerieten Partner zunehmend in Konflikte. Fanden diese Konflikte im partnerschaftlichen Bereich statt, wurde gefordert: Du musst mehr tun und leisten für unsere Beziehung. Fanden sie im leidenschaftlichen Bereich statt, lautete die Forderung: Du musst mehr Begehren aufbringen. In jedem Fall wurde vom Partner verlangt, er solle sich verändern. Diese Erwartung negiert aber sein Wesen. Sie steht im Dienst egoistischer Interessen und lässt die gute Tat für den Partner und vor allem die Anerkennung seines Wesens vermissen. Wie soll man sich wunschgemäß und dem Partner zuliebe verändern? Der gegenseitige Angriff auf das Wesen des Partners lässt sich in der engen Verbindung, die Leidenschaft und Partnerschaft miteinander eingegangen waren, kaum vermeiden. Damit Beziehungen in diesem Konflikt nicht zu viel Schaden nehmen, muss etwas zwischen die beiden Liebesformen geschoben werden. Für diese Mittlerrolle bietet sich die freundschaftliche Liebe an.

Die heute angebotene Lösung lautet daher: Nicht der Partner muss sich ändern, sondern *ihr müsst euch ändern*! In der freundschaftlichen Liebe wird das Wesen des Partners anerkannt, und es werden eigene sogenannte Schwächen zugegeben. Da sich bei jedem Partner solche Schwächen

54   LEBT DIE LIEBE, DIE IHR HABT

finden lassen, wird es nun zur gemeinsamen Aufgabe, für sogenanntes persönliches Wachstum zu sorgen. Die Beziehung wird als idealer Ort zur persönlichen Entwicklung gesehen. Sie stellt jede Menge «Herausforderungen» und «Wachstumschancen» zur Verfügung. Bei dieser Entwicklungsaufgabe sollen sich die Partner gegenseitig unterstützen. Die gute Tat der freundschaftlichen Liebe ist demnach die gegenseitige Unterstützung im angeblich nie enden wollenden persönlichen Wachstum.

Sie ahnen vielleicht schon, welche riesige Aufgabe der Liebesarbeit mit diesem Anspruch entsteht. Wie kann man den Partner in seiner Entwicklung unterstützen? Wie kann man ihn in seinem Anderssein fördern, wenn man zugleich seine Liebesbedürfnisse mit ihm befriedigen will und ebenfalls partnerschaftliche Interessen verfolgt? Solche Unterstützung wird nicht gern und nicht freiwillig gegeben, weil das Verzicht auf eigene Interessen beinhaltet. Die Unterstützung beim persönlichen Wachstum erweist sich daher vor allem in der «Arbeitsbereitschaft». An der Liebe und an sich selbst muss lebenslang gearbeitet werden. Der Lohn dieser Anstrengung besteht aus Sicht vieler Psychologen und Therapeuten darin, dass jeder Partner wächst und wächst … und wächst … und darin, dass die Beziehung so angeblich erhalten bleibt.

Bleibt die Frage, ob Freundschaft tatsächlich auch Liebe darstellt. Sicherlich tut sie das. Die gute Tat füreinander, die im Kern ja in der Wesensbestätigung und den entsprechenden Handlungen füreinander besteht, lässt zweifellos starke Liebesgefühle entstehen. Die freundschaftliche Liebe hilft dabei, manchen Verzicht auf Leidenschaft und manchen Mangel an Partnerschaft auszugleichen. Dass sie dennoch die AMEFI-Beziehung nicht garantieren kann, dazu später mehr.

Fassen wir kurz zusammen

Die unterschiedlichen Formen der Liebe zwischen Mann und Frau wurden lange Zeit voneinander getrennt gelebt. Niemand kam vor dem Bürgertum auf die Idee, diese würden zusammengehören. Noch vor 250 Jahren galt die Vorstellung, Eheleute sollten einander begehren, als völlig absurd. Das Begehren zwischen Eheleuten wurde sogar als schwere Sünde betrachtet. Diese Wertung sollte die Ehe vor dem Zerfall schützen. Man wusste damals noch, dass sich die unberechenbare Leidenschaft an keinen Ehevertrag hält und sich auf ihr keine verbindliche Partnerschaft gründen lässt. Erotische und leidenschaftliche Bedürfnisse wurden daher klugerweise über Jahrtausende außerhalb der Ehe erfüllt, wofür jede der westlichen Kulturen, angefangen bei den Griechen über die Römer zu den Germanen und quer durchs Mittelalter legale Möglichkeiten (Hetären, Kurtisanen, Mätressen) zur Verfügung stellte. Die emotional/leidenschaftliche Liebe wurde natürlich zu allen Zeiten geschätzt und gepflegt, hatte mit der Partnerschaft aber nichts zu tun. Sie galt als «Liebe um der Liebe willen», von der keine Dauer erwartet wurde und die dadurch oft Dauer ermöglichte. Getrennt gehalten von Ehe und Liebe wurde auch die dritte Beziehungsform, die Freundschaft, also die intensive Beziehung zu Gleichgesinnten. Dass Partner gleichgesinnt sein sollen, ist ein Anspruch, der erst im 20. Jahrhundert aufkam.

Man kann davon ausgehen, dass es zu allen Zeiten zu Vermischungen der drei Beziehungsformen gekommen ist. Sicherlich werden sich auch manche Eheleute leidenschaftlich geliebt haben, aber wenn, dann hielten sie dies geheim. Sicher ist auch bei vielen Geliebten der Wunsch entstanden, eine Lebenspartnerschaft einzugehen und zu heiraten, aber daran wurden sie von Gesetz und Sippe gehindert. Und sicherlich waren Partner auch damals durch ein bestimmtes Maß an freundschaftlicher Liebe miteinander verbunden. Aber selbst wenn es zur Vermischung der Beziehungsformen kam, beruhte diese auf den Impulsen der Beteiligten und nicht auf den Geboten eines von der Gesellschaft vorgegebenen Beziehungsideals. Es wurde von niemandem erwartet, Alles-Mit-Einem-Für-Immer zu haben. Erst mit dem Entstehen des Bürgertums setzte ein Erwartungswandel im Geschlechterverhältnis ein. Gesellschaftliche und ökonomische Entwicklung erlaubten die bürgerliche Kleinfamilie, zugleich setzte eine bis dahin nicht bekannte Individualisierung ein, die das Bedürfnis nach Liebesbeziehungen stärkte. Allmählich weichte die bisherige Trennung der Beziehungsformen auf. Im 20. Jahrhundert wurde dann die Vorstellung der Vernunftehe um die Anforderung der Freundschaft erweitert.

Damit hatte sich der AMEFI-Komplex – nicht in der Lebenspraxis der Menschen, aber in ihrer Vorstellungswelt – durchgesetzt und ist bis heute bestimmend für Beziehungsvorstellungen geblieben. Die modernen Beziehungspartner sollen:

- einen Ausflug in den «Himmel der Liebe»
  machen und sich dort ineinander verlieben,

- anschließend diese Liebe «auf den Boden bringen», also in eine Lebenspartnerschaft überführen,
- und sich bei Konflikten dieser beiden Liebesformen von der freundschaftlichen Liebe helfen lassen, indem sie sich im «persönlichen Wachstum» unterstützen.

Die heutige «eine Liebe» ist tatsächlich eine dreifache Liebe, deren Vereinigung nicht nur eine wahre Mammutaufgabe darstellt, sondern die Partner überfordert. Warum die Partner mit der AMEFI-Liebe überfordert sind, macht das nächste Kapitel noch etwas deutlicher.

DIE BEZIEHUNGS-PERSPEKTIVE –

WAS PARTNER MITEINANDER HABEN KÖNNEN

Gute Gründe, jemanden zu lieben

So weit habe ich die Partner-Perspektive ausführlich geschildert, die den Partnern suggeriert, «ihr könnt dauerhaft alle Liebe miteinander haben, die zwischen Partnern möglich ist». Dieses Versprechen halte ich für falsch. Meine Aufforderung lautet: «Lebt die Liebe, die ihr habt!» Diese Formulierung lässt vermuten, dass einem Paar meiner Ansicht nach nicht alles zur Verfügung steht, was theoretisch denkbar scheint. Dass zwei füreinander Geliebte sind, bedeutet nicht, dass sie als Lebenspartner taugen; dass zwei eine gute Lebenspartnerschaft führen, bedeutet nicht, dass sie dauernd Geliebte füreinander sein können; dass zwei eine freundschaftliche Liebe entwickeln, bedeutet nicht, dass sie auch gute Lebenspartner oder leidenschaftliche Liebhaber sein können. Die Formulierung «Lebt die Liebe, die ihr habt» legt die Vermutung nahe, dass Partner nicht über ihre Liebe und deren Mischung aus den drei Liebesformen bestimmen können.

Diese Zusammenhänge lassen sich aus der Beziehungs-Perspektive erläutern, weshalb ich mich nun ausführlicher damit befassen werde. Die Beziehungs-Perspektive orientiert sich im Gegensatz zur Partner-Perspektive nicht an Idealen, Vorgaben und Wünschen, sondern an den Möglichkeiten einer konkreten Beziehung. Sie fragt: «Was ist zwei bestimmten Menschen miteinander möglich?» Welche Liebe den Partnern möglich ist, hängt sowohl von allgemeinen wie von individuellen Motiven ab.

Allgemeine Liebesmotive

Menschen brauchen eine Paarbeziehung aus schon erwähnten Gründen, die generell für alle Teilnehmer unserer Gesellschaft zutreffen. Beispielsweise um:

- ihr Leben gemeinsam zu meistern,
- eine Familie zu gründen und Nachwuchs zu zeugen,
- sich geborgen und sicher zu fühlen,
- Interessen und Ansichten miteinander zu teilen,
- Bestätigung für ihr individuelles Anderssein zu erhalten,
- Sorgen und Ängste zu bewältigen,
- sexuelle und erotische Bedürfnisse zu erfüllen,
- das Bewusstsein für die eigene Isolation in leidenschaftlicher Verschmelzung zu verlieren.

Diese Motive nehmen in den drei von mir beschriebenen, von gesellschaftlichen Entwicklungen hervorgebrachten Liebesformen Partnerschaft, Liebe und Freundschaft Gestalt an. Dass diese drei unterschiedlichen Liebesformen in Partnerschaften vorkommen *können,* bedeutet aber nicht, dass sie in einer konkreten Beziehung vorkommen *müssen.* Welche Liebesform sich ergibt, wenn zwei Menschen zueinanderfinden, das hängt auch von der persönlichen Bedürfnislage der beteiligten Partner ab.

Individuelle Liebesmotive

Jeder Partner hat eine ganz individuelle Lebensgeschichte durchlebt. Er kommt aus einer konkreten Familie, in der er bestimmte Erfahrungen mit den ersten Liebespartnern, den Eltern, gemacht hat.[6] Vielleicht musste er sich Liebe durch Wohlverhalten verdienen. Oder er wurde mit Liebe geradezu erstickt. Vielleicht lebte er viele Jahre lang in ständiger Unsicherheit, weil die Eltern schlecht miteinander auskamen. Vielleicht hat er unter der Gleichgültigkeit der Eltern einander gegenüber gelitten oder unter einer aufgesetzten Harmonie. Das alles wird für sein zukünftiges Liebesleben von großer Bedeutung sein. Man kann diese Faktoren als die inneren Umstände einer Liebessehnsucht bezeichnen.

Gleichzeitig lebt jeder Mensch in bestimmten wirtschaftlichen und sozialen Umständen. Vielleicht ist er reich, oder er ist arbeitslos. Vielleicht sehnt er sich nach einer Familie und träumt von Sicherheit und Geborgenheit in sozialen Verbänden. Vielleicht ist er beruflich gerade durch eine drohende Kündigung verunsichert. Vielleicht hat er seine gewohnte soziale Umgebung verlassen, ist in eine andere Stadt gezogen und hängt etwas in der Luft. Das alles gehört zu den äußeren Umständen einer Liebessehnsucht.

In einer Liebe kommen nun sowohl innere als äußere Liebesmotive zusammen. Damit ergeben sich unzählige Kombinationsmöglichkeiten, die spezifische Erwartungen an die Liebe entstehen lassen. Wozu verliebt sich jemand eines Tages? Welche Motive liegen seiner Liebesbereitschaft zugrunde? Die Sehnsucht, sich zu verlieren? Der Wunsch nach Unabhängigkeit und einem Neuanfang? Die Sehnsucht nach Geborgenheit? Das Bedürfnis nach materieller Sicherheit? Die Sehnsucht, ein Lebensziel zu erreichen? Der Wunsch nach Bestätigung? Die Sehnsucht nach Lebensbegleitung? Bestimmte sexuelle/erotische/sinnliche Bedürfnisse? Die Sehnsucht, sich im Zusammensein zu vervollständigen und ein psychisches Manko auszugleichen? Welche Mischung dieser Motive lässt die Erwartungen an den Partner und die Beziehung entstehen?

Wer sollte diese Motivlage durchschauen? Kein Außenstehender kann etwas Verlässliches hierzu sagen. Selbst der Betreffende weiß über die Motive, die seiner Liebessehnsucht (oder einer bereits begonnenen Liebe) zugrunde liegen, kaum etwas. Dazu müsste er tief in seine Innenwelt hineinblicken können, in sein Unbewusstes, dorthin, wo Sehnsüchte produziert werden. Das ist nicht möglich. Sonst könnte man auf die Vorstellung, es gäbe ein Unbewusstes, rundweg verzichten. Das Unbewusste bezeichnet ja gerade jenen Bereich des Selbst, von dem man nichts weiß und nichts wissen kann, der aber dennoch massiven Einfluss auf das Handeln hat.

> Wenn Menschen etwas tun, das sie sich nicht
> erklären können, erklären sie es mit dem Unbe-
> wussten. Nur so lässt sich auch die Liebe erklären
> – ihr plötzliches und unerwartetes Kommen wie in
> den meisten Fällen auch ihr Gehen.

Der Einzelne weiß wenig darüber, was ihn zur Liebe treibt und was er sich von einer Beziehung verspricht. Keiner der Partner kann seine Erwartungen auf Karten schreiben und diese hochhalten, um sie mit den Erwartungen des anderen zu vergleichen. Die verborgenen Liebesmotive werden erst nach und nach deutlich werden. Mit anderen Worten: Was Partner auf einer tieferen Ebene voneinander erwarten und was sie sich geben wollen, das erfahren sie erst im Laufe der Zeit. Auch die stärksten Liebesgefühle können keine Garantie dafür geben, dass die Erwartungen der Partner zueinander passen.

> Jemanden zu lieben sagt wenig darüber aus, was
> mit ihm möglich sein wird, obwohl es sich genau so
> anfühlt, als wäre alles miteinander möglich.

Wie sich ihre Liebe entwickeln wird und welche Motive darin zum Vorschein kommen, erfahren die Partner erst im Verlauf ihrer Beziehungsgeschichte. Diese Geschichte als eine Geschichte gegenseitiger Reaktionen aufeinander ist Thema des nächsten Abschnitts.

Beziehungen als Verlauf sich bedingender Reaktionen

Halten wir die Aussagen der vorigen Abschnitte nochmals fest. Partner können eine partnerschaftliche, freundschaftliche oder leidenschaftliche Liebe oder eine Mischung davon miteinander erleben. Sie können aber nicht mit jedem beliebigen Menschen eine Beziehung eingehen. Die Auswahl ihres Partners müssen sie ihrem Unbewussten überlassen, ihrer Gefühlswelt, in deren Beschaffenheit sie keinen Einblick haben. Das macht die Liebe an sich schon kompliziert. Es kommt noch eine weitere Komplikation hinzu: der Partner. Über dessen Liebesmotive weiß jeder nämlich noch weniger als über die eigenen.

Etwas krass könnte man sagen: Wenn sich zwei Menschen ineinander verlieben, stehen sich zwei beinah Blinde gegenüber, die zwar voller Erwartungen sind, diese Erwartungen aber nur bruchstückhaft erkennen. Sie glauben aufgrund ihrer starken Gefühle, gut zueinander zu passen, aber sie wissen nicht, was tatsächlich zusammenkommen wird und was nicht. Was bleibt diesen Kurzsichtigen anderes übrig, als sich gegenseitig abzutasten und sich aneinander zu schmiegen, um zu spüren, ob und wo und wie sich eine gute Verbindung einstellt? Überraschungen sind deshalb in jeder Beziehung vorprogrammiert, in Form von glücklicher Erfüllung oder leidvoller Frustration, meist in einer Mischung von beidem.

> Überraschungen sind in Beziehungen unvermeid-
> lich, weil die Partner – die fast Blinden – unmöglich
> wissen können, wie sie aufeinander reagieren
> werden.

Mit der Frage, wie Partner aufeinander reagieren, verlassen wir die Partner-Perspektive und nehmen die Beziehungs-Perspektive ein.

Einer Beziehung zuschauen

Um selbst in die Beziehungs-Perspektive zu gelangen, stellen Sie sich bitte vor, Zuschauer einer beginnenden Liebe zu sein. Ein Mann und eine Frau haben sich *angesehen,* und ihre Blicke sind *aneinander hängen* geblieben, was so viel bedeutet: Sie haben sich verliebt und gehen erwartungsvoll aufeinander zu. Könnten Sie jetzt vorhersagen, wie die beiden aufeinander reagieren werden? Könnten Sie die nächsten fünf Minuten, die nächste Stunde, den nächsten Tag, die nächste Woche, das nächste Jahr usw. vorhersehen? Könnten Sie jetzt wissen, ob die beiden sich mögen, ob sie gleiche Bedürfnisse haben, ob sie sich riechen können, ob sie über gemeinsame Zukunftsvorstellungen verfügen, wie sich ihre unterschiedlichen wirtschaftlichen und sozialen Umstände auswirken werden, ob sie einander zum Partner, zum Freund oder zum Geliebten taugen? Nein, das ist unmöglich. Als Zuschauer der Szene müssen Sie abwarten und feststellen, was zusammenkommt und was nicht. Und wenn dann etwas Erwartetes nicht zusammenkommt, was für das Liebespaar zweifellos enttäuschend wäre, würden Sie die

Ursache dafür bei dem einen oder dem anderen Partner suchen? Oder würden Sie sagen: Das hat nicht zusammengepasst, da ist etwas nicht zusammengekommen, da hat etwas nicht erwartungsgemäß aufeinander reagiert? Ich denke, Sie kämen eher zu diesem Schluss.

Als Zuschauer einer Beziehung nehmen Sie eine Beziehungs-Perspektive ein. Dann liegt Ihr Augenmerk nicht auf dem einen oder anderen Partner, sondern Sie achten auf die Reaktion der Partner aufeinander. Ihr Blick geht von einem zum anderen, und Sie nehmen wahr, *was durch die gegenseitigen Reaktionen aufeinander entsteht.* Vielleicht entsteht Nähe, Distanz, Zärtlichkeit, Erotik, Streit, Feindschaft oder etwas anderes. Damit haben Sie die Beziehung erfasst, zumindest deren gegenwärtigen Zustand. Die Beziehungs-Perspektive hat weniger die Partner im Blick – deren Wünsche und Absichten – als vielmehr die Beziehung, die zwischen ihnen entsteht.

Reaktionen, die auf Reaktionen erfolgen und Reaktionen hervorbringen

Die Beziehungs-Perspektive zu verstehen ist ein zentrales Anliegen dieses Buches, weshalb ich die gegenseitigen Reaktionen der Partner aufeinander und deren Ergebnis anhand von Bildern näher erläutern möchte.

Wenn Sie Phosphor und Wasser zusammenführen, entstehen Hitze und Qualm. Wer ist deren Verursacher? Der Phosphor oder das Wasser? Wenn Sie H_2 und O zusammenbringen, kommt es zu einer Explosion, und es entsteht Wasser. Liegt das am H_2 oder am O? Wenn Sie eine Flamme an

Holz halten, entsteht Asche. Wer trägt die Verantwortung dafür? Die Flamme oder das Holz? Hält man ein Feuerzeug an ein Stück Metall, passiert nichts. Wer von beiden hat das zu verantworten? Keiner von beiden, werden Sie sagen, es liegt in jedem dieser Fälle an der Reaktion der Substanzen aufeinander. Stimmt!

Das können Sie als Zuschauer der Reaktionen sagen, indem sie die Beziehung von Holz und Feuer in den Blick nehmen und zu dem Schluss kommen, dass diese Beziehung den Namen «Asche» trägt. Wenn Sie dann die Reaktionen von Feuer und Metall betrachten, wird ihnen klar werden, dass dadurch keine Beziehung entsteht. Sie würden weder dem Feuer noch dem Metall die Schuld daran geben, sondern sagen: «Die reagieren nicht aufeinander.» Aus Sicht der Beteiligten sieht die Angelegenheit anders aus. Aus deren Partner-Perspektive gesehen, würde das Feuerzeug das Metall dafür verantwortlich machen, dass keine Asche entsteht; und das Metall würde das Feuer beschuldigen. Beide Substanzen wünschen sich das Gleiche – miteinander zu verglühen und zu Asche zu werden –, aber dennoch bekommen sie es nicht miteinander hin.

Wenn ein Mann und eine Frau zusammenkommen, entsteht eine Anziehung, oder es passiert nichts. Vielleicht schlägt ein gewaltiger Blitz ein, oder es flackert nur ein schwaches Blitzchen auf, oder es überträgt sich gar nichts. Hitze entsteht, oder es wird lauwarm, oder es bleibt kalt. Eine Beziehung bleibt aus, oder eine fängt an. Wenn eine Beziehung entsteht, dann kann diese erotisch, freundschaftlich, sexuell, feindlich, liebevoll, partnerschaftlich oder sonst wie sein, und sie kann sich zudem im Laufe der Zeit stark verändern. Wer ist dafür verantwortlich? Die meisten werden sagen: Die Partner natürlich, wer sonst! Die Partner haben sich schließlich ausgesucht, und es liegt an ihnen, was aus ihrer Beziehung wird.

Ich halte diese Sichtweise für falsch. Nicht etwa deshalb, weil sie völlig danebenläge. Natürlich können Partner das eine oder andere beeinflussen. Aber gerade das Grundlegende, beispielsweise ob und wozu sie sich lieben oder welcher Art ihre Liebe sein wird, ob sie sich der Leidenschaft oder der Partnerschaft oder der Freundschaft zuneigt oder wo zwischen diesen Extremen sie sich ansiedelt, das können die Partner nicht bestimmen. Das bestimmt ihre Verbindung. Das hängt von der Reaktion aufeinander ab, davon, ob Flamme und Holz oder Flamme und Metall oder eine Mischung davon oder sonstige Materialien aufeinandertreffen. Deshalb ist es sinnlos, zu sagen, Partner seien für ihre Beziehung verantwortlich. Verantwortlich ist vielmehr ihre Verbindung, also die Art und Weise, wie die Partner aufeinander reagieren. Damit etwas für beide Seiten Gutes herauskommt, muss etwas zueinander passen; und daran, ob etwas passt oder nicht, können die Partner wenig ändern.

Das Gesagte gilt für sämtliche menschlichen Beziehungen, auch für Arbeitsbeziehungen und gewöhnliche Freundschaften. Eine Arbeitsbeziehung ist leichter zu führen, weil sie relativ unpersönlich ist. Ihr Zweck ist die Zusammenarbeit und nicht die Liebe. Aber natürlich spielen Sympathie oder Antipathie auch hier eine Rolle. Wenn Sie nun in einer neuen Firma anfangen und zum ersten Mal den KollegInnen begegnen, können Sie bestenfalls Vermutungen darüber anstellen, mit wem Sie gut klarkommen werden und mit wem nicht. Nach einigen Wochen haben Sie einige KollegInnen gefunden, mit denen Sie sich blendend verstehen. Wie kam es dazu? Sie würden vielleicht sagen: «Wir haben uns aneinander herangetastet.» Das beschreibt sehr präzise den Vorgang eines Auf-die-gegenseitigen-Reaktionen-Reagierens. Dieses Herantasten an KollegInnen bezieht sich weniger auf die menschliche Seite, als vielmehr auf die kollegiale, die Verlässlichkeit, die fachlichen Fähigkeiten, die Bereitschaft zur Zusammenarbeit etc. Dennoch konnten Sie nicht festlegen, mit wem Sie gut und mit wem Sie schlecht auskommen, das hat sich im Laufe der Wochen gezeigt, und das muss die Zukunft erweisen.

Private Freundschaften sind bereits persönlicher als Arbeitsbeziehungen und daher auch komplizierter. Hier spielen Sympathie und vor allem die Faszination am Charakter des anderen die wichtigste Rolle. Allerdings kann sich niemand aussuchen, wen er interessant findet oder von wem er derart fasziniert ist, dass er ihn zum Freund haben möchte. Abgesehen davon weiß er nicht, ob sich der andere gleichermaßen für ihn interessiert und zu einer Freundschaft bereit wäre. Angenommen, Sie ziehen nun in eine neue Stadt und lernen eine Reihe neuer Menschen kennen. Welcher davon sich zum Freund oder zur Freundin eignet, können Sie nicht wissen, ebenso wenig, welcher Art diese Freundschaft sein wird. Sie werden das ebenfalls durch Herantasten feststellen müssen. Dabei werden Sie Menschen aussortieren, die anfangs zur Freundschaft geeignet schienen, und andere in den Kreis Ihrer Freunde aufnehmen, die Ihnen anfangs gleichgültig oder unsympathisch waren. Von sich aus festlegen oder aus Ihren Wünschen ableiten, wer Ihre Freunde sein sollen und wie die Beziehung zu ihnen aussehen soll, das können Sie nicht.

Die Reaktionen des Anfangs

Was in der Arbeitswelt oder für gewöhnliche Freundschaften gilt, trifft erst recht und noch deutlicher auf Paarbeziehungen zu. Denn hier werden fast sämtliche Entscheidungen vom Unbewussten getroffen. In Paarbeziehungen geschieht das meiste gefühlsbestimmt und das wenigste aus rationalen Entscheidungen heraus.

Voraussetzung, um sich auf eine Beziehung einzulassen, ist allein die Sehnsucht nach einer tieferen Verbindung auf beiden Seiten. Diese Offenheit braucht den potenziellen Partnern nicht einmal bewusst zu sein. Sie kann sich urplötzlich und für den Betreffenden selbst völlig überraschend zeigen, wie das bei der Liebe auf den ersten Blick geschieht. Die Liebesbereitschaft wird in unserer Kultur durch einen tiefen und langen Blick in die Augen signalisiert, dem ausweicht, wer sich vom anderen nicht angezogen fühlt oder wer sich nicht einlassen will. Mit diesem von einem Blick beantworteten Blick beginnt eine unbestimmte Geschichte der gegenseitigen Reaktionen aufeinander.

Gehen wir davon aus, dass zwei sich derartig ansehen und eine Anziehung spüren. Die beiden werden nun sehr vorsichtig miteinander umgehen. Wie vorn schon beschrieben, werden sie sich im Kontakt miteinander auf Verbindendes konzentrieren und Trennendes so gut es geht außer Acht lassen. Ihr Blick gleicht einem Tunnelblick. Sie sehen nur das, worauf sie fokussieren, und zeigen dem anderen nur, was dem gefällt. Verliebte beweisen ein erstaunliches Gespür für alles, was ihre gegenwärtige Beziehung namens «Anziehung» stören würde. Sie nehmen schon ein leichtes Stirnrunzeln wahr und korrigieren gleich ihre Aussage.

«Du rauchst?» – «Ja, aber ich bin gerade dabei, aufzuhören.» Sie nehmen wahr, was ein Lächeln hervorbringen würde. «Tanzt du gern?» – «Mit dir würde ich tanzen.» Sie gehen auf angedeutete Sehnsüchte ein. «Ich liebe das Landleben.» – «Ich würde gern auf dem Land wohnen.» Sie zeigen, dass sie füreinander aufmerksam sind. «Ich mag Gedichte.» – «Ich habe eines für dich geschrieben.» Sie gehen auf Vorlieben ein. «Ich mag das Meer.» – «Dann lass uns einen Ausflug machen.»

Die Reaktionen der Partner aufeinander sind in der Anfangszeit stark kontrolliert, aber nicht von Gedanken und Vernunft, sondern von Sehnsüchten und Bedürfnissen. Diese Kontrolle funktioniert zu großen Teilen unbewusst und frei von Absicht. Dennoch folgen die Partner dabei einer Art Gebrauchsanweisung der Liebe. Diese Gebrauchsanweisung wurde ihnen durch Filme, Märchen, Bücher, Lieder, Vorbilder oder andere Medien vermittelt. Wir alle wissen, ohne darüber nachdenken zu müssen, wie man kulturell gleich orientierten Menschen Interesse und Liebesbereitschaft signalisiert. Wenn sich im Laufe des Herantastens dann positive Reaktionen aufeinander ergeben, wenn man den anderen riechen kann und das Herz klopft und erste Sehnsüchte in Erfüllung gehen, findet gewöhnlich eine Liebesbeziehung ihren Anfang. Es wird niemand ernsthaft behaupten, die Partner hätten diese verliebte Beziehung absichtlich herbeigeführt, vielmehr war sie ihnen möglich, und sie haben diese Möglichkeit ergriffen.

Die Reaktionen des Verlaufs

Die von Fachleuten so bezeichnete «selektive Kommunikation» der Anfangszeit kann nur begrenzte Zeit aufrechterhalten werden. Partner sind damit überfordert, ihre Mitteilungen und Reaktionen *andauernd* zu kontrollieren. Je mehr Zeit sie miteinander verbringen, desto schwieriger wird es, bestimmte Dinge außer Acht zu lassen und nur durch den Tunnel des verliebten Blickes zu schauen. Die Partner ziehen in eine gemeinsame Wohnung, sie binden sich durch eine Heirat oder andere Versprechen aneinander und begegnen sich nun im Alltag. Sie lernen sich näher kennen. Im Laufe der Zeit werden Dinge klar, die vorher übersehen oder verharmlost wurden. Beispielsweise stellt sich heraus, was eine Bemerkung aus der Anfangszeit – «Ich bin ein chaotischer Typ» – wirklich bedeutet: dass die Wohnung zugestellt ist oder derjenige keine Verabredung einhalten kann. Das ist neu, das war vorher unbekannt. Wie reagiert der Partner auf diese neue Information? Womöglich bricht hierüber ein erster Streit aus. Hätten die beiden diesen Streit voraussehen oder vermeiden können? Wohl kaum, dazu musste erst das Chaos entstehen.

Schauen wir uns weitere Beispiele zu den Reaktionen des Verlaufs an. In der Anfangszeit zeigt sich ein Mann von einer sexuell aktiven und fordernden Frau begeistert. Er ist fest davon überzeugt, für immer solch eine intensive erotische Verbindung erleben zu wollen; und auch die Frau glaubt das. Aber wie reagieren die Partner nach einiger Zeit, nach einem oder zwei Jahren, im erotischen Bereich aufeinander? Die Frau kann ihr sexuelles Interesse mindern oder noch steigern. Der Mann kann sich je nachdem enttäuscht oder überfordert fühlen. Er kann dann sauer, verschlossen oder bittend reagieren, worauf seine Frau wiederum in nicht vorhersehbarer Weise reagieren würde. In welchem Zustand befände sich die Beziehung dadurch? Niemand wäre in der Lage, das vorauszusehen, nicht der innigste Partner und nicht der beste Psychologe.

Unabhängig von besten Absichten und tiefsten Liebesgefühlen tauchen im Verlauf einer Beziehung ständig «neue Informationen» auf. Neue Informationen sind Dinge, die bis dahin nicht klar waren. Wie die Partner auf diese Neuigkeiten reagieren, ist naturgemäß unbekannt, eben weil es sich um neue Informationen handelt, die man nicht kommen sieht und auf die man sich daher nicht einstellen kann. Würde man den Mann beispielsweise fragen: «Wie wirst du auf die sexuellen Forderungen deiner Frau in zwei Jahren reagieren, wirst du darauf eingehen oder davon überfordert sein?», könnte er keine ehrliche Antwort geben außer der, dass er das nicht weiß. Würde man ihn darüber hinaus auch fragen: «Wie wird deine Frau auf deine diesbezügliche Reaktion reagieren?», könnte er nur noch mit den Schultern zucken. Schließlich kennt er weder seine eigene Reaktion in der Zukunft noch die Reaktion der Partnerin darauf, auf die er seinerseits reagieren und damit eine weitere Reaktion auf der anderen Seite hervorbringen wird.

Natürlich mag sich eine attraktive Frau in einen reichen und berühmten Mann verlieben. Sie mag sogar bemerken, dass sie von den Attributen des Geldes und der Macht angezogen wird. Aber kann sie feststellen, welche Rolle das Geld, die Macht und die Person für ihre Liebesgefühle spielen? Kann sie wissen, wie sich ihre Gefühle entwickeln werden? Vielleicht wird ihr der gerade noch geliebte Mann gleichgültig, nachdem der Zugang zu seinen Konten hergestellt ist. Oder der Mann wächst ihr im Gegenteil ans Herz. Wie sieht es auf der anderen Seite aus? Besteht beim reichen Mann ein Misstrauen ihrer Liebe gegenüber, und wie wirkt sich das auf die Gefühle der Frau aus? Wer würde sich anmaßen, die Motive einer solchen oder einer anderen Liebe zu verstehen und die gegenseitigen Reaktionen aufeinander zu erahnen?

Halten wir uns ausschnittweise vor Augen, von welchen Entwicklungen Partner im Verlauf ihrer Beziehung überrascht werden können. Beispielsweise davon:

- Ob sich ein Kinderwunsch auf der einen oder anderen Seite entwickelt und wie jeder der Partner mit seinem und dem Wunsch des anderen umgeht. Welche Komplikationen oder Einigungen werden entstehen? Was wird das für die Beziehung bedeuten?
- Wie sich das Zusammenwohnen entwickelt, ob es zu einem partnerschaftlichen Umgang miteinander kommt, zu dem jeder seinen Teil beiträgt, oder ob einer versucht, auf Kosten des anderen zu leben, und ob der dabei mitspielt. Wie wird die Beziehung durch das eine oder andere Verhalten und die Reaktionen darauf beeinflusst werden?
- Wie sich Vermögensverhältnisse auswirken. Werden sich bestimmte Pläne aus materiellen Gründen verwirklichen lassen oder nicht, und wie wird sich das eine oder andere auf die Gefühle füreinander und den Umgang miteinander auswirken?

- Wie sich die Zugehörigkeit zu sozialen Schichten auswirkt. Wie wird die eine oder andere Familie sich verhalten und wie werden die Partner darauf reagieren? Es sind hier zahllose Szenarien vorstellbar, im Extrem Erbschaften oder Enterbungen etc.
- Wie sich die gemeinsame Sexualität entwickelt. Welche Auswirkungen wird die partnerschaftliche Liebe auf die erotische Verbindung haben? Was wird durch die freundschaftliche Liebe (tu, was dir guttut) ermöglicht oder verhindert?
- Wie sich die Interessen der Partner entwickeln. Jederzeit kann ein Partner die Lust an bisher geteilten Interessen verlieren oder ganz eigene, für den anderen völlig absurde Interessen entwickeln.
- Welche Bedürfnisse sich bei wem zeigen. Einer kann die Lust an der Arbeit verlieren oder auswandern wollen oder einen Beruf ergreifen, der ihn ganz in Anspruch nimmt.
- Wie sich der Gesundheitszustand der Partner entwickelt. Wenn ein Partner krank wird, ist vieles nicht mehr möglich. Wo wird die Belastungsgrenze jedes Partners verlaufen, was will er noch tragen und was nicht?
- Und ein Vielfaches an Unbekanntem mehr, auf das man sich nicht einstellen kann.

Die gegenseitigen Reaktionen der Partner auf neue Informationen und die Ergebnisse dieser Reaktionen liegen im Ungewissen. Daher bleibt der Verlauf einer Beziehung stets ein Geheimnis, das sich erst in deren Verlauf offenbart.

> Eine Beziehung ist kein Gebilde, sondern ein sich
> ständig entwickelnder Vorgang, ein unendlicher
> Verlauf gegenseitiger Reaktionen der Partner auf-
> einander.

Eine Beziehung als Geschichte gegenseitiger Reaktionen zu begreifen kann Ihre Sichtweise auf Beziehungen – auch auf die eigene – völlig ändern. Es kann Sie aus der Partner-Perspektive herausholen und in eine Beziehungs-Perspektive versetzen, und das kann gute und befreiende Erkenntnisse bewirken. Es kann Partner beispielsweise von leidigen Schulddiskussionen und Versagensgefühlen befreien. Es liegt eben nicht am Feuer oder am Holz, dass Asche entsteht, es liegt an der Reaktion der beiden Substanzen aufeinander.

Beispiel eines Beziehungsverlaufes

Weil die Beziehungs-Perspektive so zentral für das Verständnis dieses Buches ist, möchte ich zur Verdeutlichung des Gesagten einen kleinen Ausschnitt einer Beziehung als Geschichte von Reaktionen auf Reaktionen ausführlicher schildern. Es handelt sich um ein Beispiel aus meiner Beratungspraxis.

Ein Paar ist seit sechs Monaten zusammen und lebt seit drei Monaten in einer gemeinsamer Wohnung. Die beiden denken gelegentlich an Heirat. Nun liegt ein erster Besuch bei den Eltern des Mannes an. Die (sich bereits als Schwiegermutter fühlende) Mutter des Mannes führt dessen Freundin durch das Haus, in dem ihr Sohn aufgewachsen ist. Im ehemaligen Kinderzimmer des Sohnes steht dessen alte Wiege, neu bezogen und schmuck hergerichtet. «Wenn es so weit ist, könnt ihr die Wiege abholen», verkündet die Mutter stolz, und auch der Sohn strahlt seine Freundin zuversichtlich an. Auf diese Weise erfährt die Frau vom offensichtlich drängenden Kinderwunsch ihres Freundes und von den Erwartungen seiner Familie. Das ist neutral bezeichnet eine neue Information.

Dieser Vorfall zieht einige Konsequenzen oder besser Reaktionen aufeinander nach sich. Die Frau reagiert verärgert, weil sie sich unter Druck gesetzt und in die Pläne seiner Familie hineingezogen fühlt. Der Mann reagiert enttäuscht auf diesen Ärger und darauf, dass seine Freundin nicht freudig auf seinen Kinderwunsch eingeht. Diese Erwartung empört wiederum seine Freundin, was den Mann schließlich vollends zerknirscht. Die Beziehung ist an diesem Punkt: angespannt und gereizt. Eine Heirat ist erst einmal in Frage gestellt.

Vor dem Besuch bei den Eltern wusste niemand, was dort geschehen wird, wie die gegenseitigen Reaktionen darauf ablaufen und welche Beziehung dadurch entstehen wird.

In den nächsten Tagen geraten die beiden in eine heftige Auseinandersetzung. Dabei erfährt die Frau, dass ihr Freund am liebsten mehrere Kinder hätte. Nun fühlt sie sich endgültig im falschen Film, denn sie hat ihre berufliche Laufbahn im Sinn. Auch er ist wie vor den Kopf geschlagen, zu erfahren, dass sie ihren Beruf an erster Stelle sieht und sich nicht

77   *Die Beziehungs-Perspektive*

hinter den Kochtopf stellen möchte. Der Mann will zwar ebenfalls nicht in die Hausmannrolle schlüpfen, sondern seine Karriere fortsetzen, hält es aber für «natürlich», dass seine Freundin diesen Teil übernimmt. Seine Freundin ist an diesem Punkt erst sprachlos, dann entsetzt, dann empört und fragt sich, ob sie sich in diesem Mann völlig getäuscht hat. Mittlerweile fühlt sie sich missbraucht, und er fühlt sich missachtet. Die Beziehung ist an diesem Punkt: abgekühlt und distanziert. Eine Heirat ist in weite Ferne gerückt.

Vor dem Streit wusste niemand, was sich darin zeigen wird, wie die gegenseitigen Reaktionen darauf ablaufen und welche Beziehung dadurch entstehen wird.

Beide Partner sind frustriert und beschließen an diesem Punkt, die Paarberatung aufzusuchen. Dort entdecken und entschlüsseln sie unausgesprochene Erwartungen und stillschweigend vorausgesetzte Selbstverständlichkeiten. Solche Erwartungen ergeben sich allein aus der Versicherung «Ich liebe dich». Der Partner macht daraus etwas Eigenes. «Du hast gesagt, du liebst mich, und das bedeutet für mich ganz klar, dass du auch mehrere Kinder willst.» – «... nein, für mich bedeutet es ganz klar, dass du meine Karriere genau so wichtig nimmst, wie ich es tue.» Durch Einsicht in die jeweiligen enttäuschten Erwartungen gewinnen die Partner mehr Verständnis füreinander und stellen den gegenseitigen Respekt im Umgang miteinander wieder her. An den Standpunkten – sie will keine, er will mehrere Kinder – ändert sich dadurch nichts. Die Frau kann sich aber vorstellen, «später einmal» zumindest «ein Kind» haben zu wollen. Das ist natürlich vage, bietet aber einen Ausweg aus dem gegenwärtigen Kühlschrank der Distanz an. Beim Mann keimt eine Hoffnung auf, die er für sich behält und die er ein halbes Jahr später als die Hoffnung, «sie vielleicht doch noch rumzubekommen», bezeichnen wird.

Die Frau fühlt sich entlastet, der Mann fühlt sich erleichtert. Beide sind sich an diesem Punkt einig, ihre Beziehung zu erhalten und ihre Liebe nicht in einem Machtkampf zu zerstören. Die Wünsche werden an diesem Punkt nicht aufgegeben, aber aufgeschoben. Man könnte sagen, die Partner treten zurück und verneigen sich vor ihrer Liebe. Die Beziehung ist an diesem Punkt: wärmer und zugewandt. Eine Heirat rückt wieder in den Bereich des Vorstellbaren.

Vor der Paarberatung wusste niemand, was dabei herauskommen wird, wie die gegenseitigen Reaktionen darauf ablaufen werden und welche Beziehung dadurch entsteht.

Nun scheint alles in Ordnung zu sein. Was an diesem Punkt der Entwicklung aber bleibt, ist – trotz aller Einigung – ein unterschwelliges Misstrauen auf beiden Seiten. Die Frau fragt sich insgeheim, in welche Pläne ihr Freund sie zukünftig noch hineinziehen wird, und der Mann ist verunsichert, ob sich seine Freundin auch zukünftig seinen Absichten verweigern wird. Die Beziehung ist: unterschwellig verunsichert. Die Heirat muss noch warten.

Zwei Monate später sind die beiden wieder in der Beratung. Wenige Tage davor hatten sie Sex miteinander, die Frau hatte die Pille vergessen und ihren Freund (kurz vor dem Sex) gebeten, ein Kondom zu benutzen. Er hatte sich dann auf sie gelegt, war in sie eingedrungen und hatte ihr ins Ohr geflüstert: «Jetzt mach ich dir ein Kind.» Weil er sein spontanes Verhalten als Provokation und Test verstand und ihm Gewalt fernlag, ließ er sich widerstandslos von seiner wütenden Freundin wegdrücken. Die Lust war beiden vergangen, und die Beziehung war an diesem Punkt: verletzt und beschädigt. Eine Heirat ist wieder einmal in Frage gestellt.

Vor dieser Nacht wusste niemand, was beim Sex herauskommen würde, wie die gegenseitigen Reaktionen darauf ablaufen würden und welche Beziehung dadurch entstehen würde.

So weit die Schilderung eines etwa neunmonatigen Beziehungsverlaufes. Die Partner sind ihrer Heiratsabsicht nicht näher gekommen, sie kreisen um das Thema. Auch wenn sie heiraten würden, wären die Konfliktpunkte nicht gelöst. Auch dann würden sich ihre Reaktionen weiter gegenseitig bedingen, ohne dass irgendjemand sagen könnte, welche Beziehung in einem Jahr, in zwei Jahren oder überhaupt möglich ist.

Wer trägt nun die Verantwortung für den bisherigen Verlauf der Beziehung? Soll man dem Mann einen Vorwurf machen, war *er* das Problem? Nein, denn hätte die Frau seinen Kinderwunsch geteilt, wäre kein Problem entstanden. Soll man der Frau einen Vorwurf machen, ist *sie* das Problem? Nein, denn hätte der Mann ihren Karrierewunsch respektiert, wäre kein Problem da. Das Problem, nennen wir es «die verletzte Beziehung», entsteht vielmehr durch die gegenseitigen Reaktionen aufeinander.

Das ausführliche Beispiel zeigt, wie eine Beziehung in ihrem Verlauf entsteht und sich verändert. Eine Beziehung ist kein Ding, kein Gebilde, sondern ein Vorgang. Niemand weiß, welche neue Information sich hinter der nächsten Wegbiegung zeigen wird und wohin sich eine Beziehung dann entwickelt. Einer kann arbeitslos werden oder erben, ein Kind kann geboren werden oder sterben, ein Streit kann ungeahnte Verletzungen auslösen, Krankheiten können eintreten oder starke Sehnsüchte aufbrechen, oder es mag sonst etwas Neues geschehen. Wie wird sich der Partner daraufhin verhalten? Mit welchem Verhalten wird der andere darauf antworten? Was wird zwischen den Partnern entstehen und wie wird sich die Beziehung im Lauf der Zeit verändern? Das muss sich zeigen.

Natürlich ändern sich die gegenseitigen Reaktionen der Partner selten von einem auf den anderen Tag. Ich spreche hier auch nicht von Launen, sondern von grundlegenden Befindlichkeiten, charakterlichen Eigenarten und spezifischen Erwartungen. Meist dauert es lange, bis sich diesbezüglich neue Informationen zeigen. Es kann beispielsweise Jahre dauern, bis sich Partner einer sexuellen Routine verweigern und mit Lustlosigkeit reagieren. Diese Lustlosigkeit ist Ergebnis sich gegenseitig bedingender Reaktionen und damit eine neue Information. Es ist aber auch möglich, dass sich Verhaltensweisen zueinander plötzlich ändern, weil etwas Neues schlagartig auftaucht. Wie das bei einem Mann der Fall war, dessen Frau ihm nach einer Kur erklärte, sich verliebt zu haben.

Die Zukunft ist offen

Beziehungen sind weniger berechenbar, als Partnern das recht ist. Zukünftige Reaktionen auf Neues sind stets unbekannt, und mit Blick in die Zukunft verläuft jede Beziehung unplanbar. Erst in der Rückschau, wenn ein Paar lange zusammen war, mag es ihm so erscheinen, als wäre die Entwicklung entsprechend seinen Absichten verlaufen. Schauen Partner nach vorn, können sie sich allein an ihren

Absichten und Hoffnungen orientieren – und am bisherigen Verhalten, das zu guten Ergebnissen führt, solange nichts Unerwartetes geschieht. Das ist einer der Gründe, warum Partner versuchen, das gewohnte und bewährte Verhalten aufrechtzuerhalten. Es vermittelt ihnen eine gewisse Sicherheit. Dass gerade dieses Weiterführen bewährten Verhaltens zu Krisen führen muss, darauf gehe ich später noch ausführlich ein. An diesem Punkt kommt es mir darauf an, festzuhalten, dass Partner nicht über ihre Verbindung bestimmen können.

Partner müssen sich mehr oder weniger davon überraschen lassen, wo und wie sie zusammenkommen. Das ist Thema des nächsten Abschnitts.

Wo und wie Partner zusammenkommen

Wie bisher deutlich wurde, gibt es zahllose Gründe, jemanden zu lieben, und entsprechend verschiedene Erwartungen. In der ersten Phase einer Liebesbeziehung spielen die unterschiedlichen Erwartungen der Partner kaum eine Rolle, weil sie durch ein gut aufeinander abgestimmtes Verhalten nicht zur Geltung kommen. Die Partner glauben aufgrund ihrer starken Gefühle, alles Erwünschte miteinander zu haben, und selbst wenn das nicht der Fall ist, sind sie sicher, dass alles miteinander möglich sein wird. Erst mit der Zeit zeigen sich unterschiedliche Erwartungen und Bedürfnisse. Sobald etwas derartiges «Neues» deutlich wird, verändern sich die Reaktionen der Partner aufeinander in einer Weise, die nicht voraussagbar ist. Das hat zur Konsequenz, dass Partner auch durch die stärksten Liebesgefühle nicht festlegen können, was zwischen ihnen entsteht. Sie müssen es im Verlauf ihrer Beziehung herausfinden.

Was sich zwischen den Partnern bildet

Die gerade benutzte Formulierung, die aussagt, dass etwas *zwischen* den Partnern entsteht, beschreibt den Ort, an dem Beziehung stattfindet: zwischen den Partnern, dort, wo ihre Reaktionen aufeinandertreffen. Dort wird aus Handlungen, die auf Gefühlen, Hoffnungen und Sehnsüchten beruhen, etwas zum Leben erweckt, das weder von dem einen noch von dem anderen Partner bestimmt wird. Diese zwischen den Partnern stattfindende Beziehung lässt sich anhand farbiger Glühlampen veranschaulichen.

Farben stellen physikalisch gesehen unterschiedliche Schwingungen des Lichts dar. Man kann zwei unterschiedlich gefärbte Glühlampen nebeneinanderstellen und anschalten. Dann durchdringen sich die Strahlungsfelder dieser Glühlampen, und *zwischen* ihnen bildet sich ein Farbfeld. Dieses Farbfeld entspricht weder dem der einen Lampe noch dem der anderen, es ist etwas Drittes. Man kann es als die Beziehung zwischen den Lampen oder als die Beziehung der Lampen bezeichnen. Kommen beispielsweise eine rote und eine grüne Lampe zusammen, entsteht eine gelbe Beziehung. Kommen eine blaue und eine grüne Lampe zusammen, entsteht eine zyanfarbene Beziehung. Rote und blaue Lampen lassen eine magentafarbene Beziehung entstehen. Da es Hunderte oder je nach Grad der Farbdifferenzierung Tausende und Millionen Farbvarianten gibt, sind entsprechend viele unterschiedliche Beziehungen möglich. Das gilt uneingeschränkt auch für Paarbeziehungen. Keine Beziehung gleicht einer anderen, so wie kein Mensch mit einem anderen identisch ist. Das Bild der verschiedenfarbigen Lampen ist, übertragen auf eine Paarbeziehung, recht aufschlussreich. Es zeigt die Partner in ihrer individuell unterschiedlichen Verfassung, und es zeigt, dass zwischen ihnen etwas Drittes entsteht, dessen Farbe weder von der einen noch von der anderen Lampe festgelegt werden kann.

Eine Beziehung ist etwas Eigenständiges, dessen Beschaffenheit weder von dem einen noch dem anderen Partner festgelegt werden kann.

Diese Vorstellung ist ungewohnt und verdient im Grunde eine ausführlichere Darstellung, als ich sie hier geben möchte. Man kann ein ganzes Buch über die Beziehungen als «eigenständige Wesen» schreiben. Das ist an anderer Stelle[7] geschehen, weshalb ich diesen Begriff hier nur streife. Ich möchte aber noch erwähnen, dass eine Beziehung natürlich nicht wirklich eigenständig ist. Sie hängt selbstverständlich vom Verhalten der Partner ab. Dennoch ist die Vorstellung, eine Beziehung sei eigenständig, sinnvoll. Schließlich ist das Verhalten der Partner zum einen gefühlsabhängig, also unbewusst gesteuert und beeinflusst, zum anderen reagieren die Partner wie beschrieben gegenseitig auf Reaktionen, deren Verlauf sie nicht in der Hand haben. Daher erscheint eine Beziehung dem Bewusstsein, den Absichten und Plänen der Partner gegenüber auf jeden Fall als eigenständig. Wäre das anders, würden sich Beziehungen nach den Absichten der Partner richten und nicht so oft aus dem Ruder laufen.

Halten wir fest: Ein zyanfarbenes Feld wird weder von Grün noch von Blau «gemacht» oder «gestaltet», sondern entsteht in der Begegnung und Reaktion der beiden Farben aufeinander quasi von selbst. Übertragen auf eine Beziehung bedeutet dies: Partner können Inhalt und Zweck ihrer Beziehung nicht willentlich festlegen.

Ob sich zwischen zwei Menschen eine vorwiegend erotische, freundschaftliche, sexuelle, distanzierte, leidenschaftliche, geistige, partnerschaftliche oder sonst wie beschaffene Beziehung bildet, das erleben die Partner im Laufe der Zeit.

85   *Die Beziehungs-Perspektive*

Diese Unberechenbarkeit von Beziehungen erfuhr ich vor kurzem im privaten Rahmen, durch einen Streit mit einer Paarberaterin. Es ging um die grundsätzliche Frage, ob Partner ihre Beziehung willentlich steuern können. Ich verneinte dies heftig, sie stritt dafür. Argumente flogen hin und her, und Freunde, die anwesend waren, begannen sich allmählich unwohl zu fühlen. Nach fünf Minuten wurden die gegenseitigen Angriffe persönlicher, sie warf mir Pessimismus vor, ich meinte, sie sei blauäugig und naiv. Schließlich vertrat sie den extremen Standpunkt, man könne jeden Menschen lieben, wenn man es nur wolle. Daraufhin warf ich ihr Dummheit vor, worauf sie meinte, ich sei arrogant. Die zuvor freundlich-distanzierte Beziehung war an diesem Punkt fast ruiniert. Dann sah ich die Frau an und forderte sie auf: «Du hast doch gesagt, man könne jeden lieben. Dann mach das jetzt mit mir!» Mit einem Schlag löste sich die Spannung, und die ganze Gruppe brach in schallendes Gelächter aus. Glücklicherweise lachte auch die Paarberaterin, sodass unsere Beziehung als freundlich-distanzierte Beziehung erhalten blieb.

Was zeigt das Beispiel? Dass man in einer Beziehung jemanden zu Reaktionen verleiten kann, die derjenige nicht zu kontrollieren vermag, oder man wird zu Aussagen und einem Verhalten gebracht, das man selbst nicht versteht und danach womöglich bereut. Weder der eine noch der andere Partner ist daran schuld, vielmehr reagieren Reaktionen aufeinander und produzieren Ergebnisse, die nur auf diese gegenseitig bedingte Weise entstehen können. Mit einem anderen Gesprächspartner wäre ich nicht in einen solchen Streit geraten und die Kollegin sicher auch nicht. Hier «passte» etwas zusammen. Das Beispiel zeigt auch, dass ich die positive Wende nicht in der Hand hatte. Denn anstatt zu lachen, hätte die Frau auch empört die Wohnung verlassen können. Beziehungen sind gewissermaßen unberechenbar, vor allem wenn man lange Zeiträume zugrunde legt.

Sie können die These der relativen Eigenständigkeit von Beziehungen anhand Ihrer eigenen Beziehungsgeschichte überprüfen. Werfen Sie dazu einen Blick zurück. Wie die meisten LeserInnen waren Sie mehr als einmal verliebt und haben sich wiederholt auf Liebesbeziehungen eingelassen. Jede dieser Beziehungen unterschied sich von den anderen und hatte einen besonderen Schwerpunkt. Mit einem Partner verband Sie eine besonders berauschende Sexualität, mit einem anderen konnten sie wunderbar lachen, mit einem haben Sie sich auf geistiger Ebene befruchtet, mit einem anderen haben sie ein perfektes Team zur Bewältigung bestimmter Alltagsaspekte gebildet. Mit jedem Partner sind Sie in anderen Bereichen und auf andere Weise zusammengekommen. Das lag sicher nicht an Ihnen, schließlich haben Sie sich im Laufe der Zeit nicht vollständig verändert. Es lag auch nicht am jeweiligen Partner. Es lag an der Verbindung der jeweiligen Farben, die zusammenkamen.

Die folgenden Beschreibungen zeigen das beispielhaft. Sie stammen aus Zuschriften, die mich per E-Mail erreichten, oder Beratungen, die ich durchführte. Ich zitiere sie an dieser Stelle nur auszugsweise, um später im Abschnitt ‹Wunsch und Wirklichkeit› noch darauf zurückzukommen.

Ich bin 32 Jahre alt und mit meinem Mann seit
fast 11 Jahren zusammen, seit 3 ½ Jahren sind wir
verheiratet … optisch sagt mir mein Mann nicht
besonders zu, aber er hat eine Menge gewonnen

*durch seinen phantastischen Charakter und
dadurch, dass wir die gleichen Interessen und
Lebenseinstellungen haben.*

*Unsere Beziehung begründete sich sehr schnell auf
Interessen, Seele und Freundschaft.*

*Ich bin seit 12 Jahren verheiratet ... dass ich ihn
nicht aus Liebe geheiratet habe, mehr aus Vertrauen, Geborgenheit und Sicherheitsgefühlen.*

*Seit zwei Jahren bin ich mit einem Mann zusammen,
der mich sehr liebt. Intensive Gespräche, gemeinsame Aktivitäten sind an der Tagesordnung. Auch
sexuell haben sich mir neue Horizonte eröffnet ...*

*Vor einem halben Jahr habe ich eine Frau ken-
nengelernt, die mich von Anfang an fasziniert
hat ... auf der seelischen Ebene ...*

*Seit einigen Jahren ... realisiere [ich] ... die
eigentliche Verbindung zwischen mir und meinem
Mann ... [sie beruht auf] den Kindern ...*

*... sexuell hat die Beziehung meine kühnsten Er-
wartungen übertroffen ... und dieser Punkt lässt
mich überhaupt nicht los, dass ich mir so sehr ein
Kind wünsche ...*

*Wir sind 7 Jahre zusammen, haben ein Fitness-
studio zusammen aufgebaut.*

Wir sind ein ganz phantastisches Team, auch erotisch...

Sie können in jedem der Beispielzitate Hinweise für die Liebesform finden, die dieser Beziehung zugrunde liegt, also dafür, ob die Beziehung eher partnerschaftlich, freundschaftlich oder leidenschaftlich ist. Anfangs war den Partnern die Beschaffenheit ihrer Beziehung nicht bewusst, wie sollte sie auch. Zu Beginn schien alles möglich, aber nicht alles ist tatsächlich entstanden. Wenn sich der betörende Nebel der Verliebtheit im Laufe der ersten Monate oder Jahre allmählich auflöst, ist es geschehen. Wie von selbst hat sich eine bestimmte Beziehung gebildet. Mit der Zeit hat sich erwiesen, auf welchem Gebiet die gegenseitigen Reaktionen aufeinander zu guten Ergebnissen führten, ob im freundschaftlichen, im partnerschaftlichen oder im leidenschaftlichen Gebiet der Liebe. Es macht keinen Sinn, zu behaupten, die Partner hätten ihre Beziehung bewusst gestaltet. Sie haben nicht einzeln und auch nicht gemeinsam entschieden: Unsere Beziehung wird leidenschaftlich, freundschaftlich, partnerschaftlich, distanziert, wechselhaft, vertraut, unsicher, liebevoll oder sonst wie beschaffen sein. Vielmehr haben sie die jeweilige Beschaffenheit ihrer Beziehung entdeckt.

Nun also ist eine Beziehung da, und sie ist, wie sie ist. Die Partner mögen glücklich oder zufrieden, unzufrieden oder unglücklich mit ihr sein. Das hängt davon ab, wie groß die Kluft zwischen Wunsch und Wirklichkeit gerät. Das ist Thema des nächsten Abschnitts.

Unzufriedenheit – die Kluft
zwischen Wunsch und Wirklichkeit

Partner wünschen sich, in möglichst allen Bereichen der Liebe zusammenzukommen, in der freundschaftlichen, der partnerschaftlichen und der leidenschaftlichen Liebe. Anfangs scheint auch kein Wunsch offen zu bleiben, doch dann kommt allmählich die Wirklichkeit ins Spiel. Es stellt sich heraus, wo sie tatsächlich zusammenkommen und wo nicht. Damit öffnet sich zwangsläufig eine kleine oder große Kluft zwischen Wunsch und Wirklichkeit.

> Die Wirklichkeit einer Paarbeziehung lautet: Wir
> sind nicht eins, wir sind zwei. Wir sind unterschied-
> lich, und wir wollen unterschiedlich bleiben.

Dass zwei in einem Bereich nicht zusammenkommen, bedeutet ja nichts anderes, als dass es bezüglich bestimmter Erwartungen oder Wünsche keine Passung gibt, eben weil zwei Menschen unterschiedlich sind. Diese Unterschiedlichkeit kann eine ganze Weile neutralisiert werden. Das geschieht sowohl durch die selektive Kommunikation des Anfangs (Verliebtheit) als auch durch die selektive Kommunikation des Beziehungs-Verlaufs (Rücksichtnahme). Die eingeschränkten Mitteilungen dieser Liebeskommunikation haben den Eindruck entstehen lassen, die Partner würden sich kennen, aber sie kennen lediglich ihre bisherigen Reaktionen aufeinander. Mit der Zeit lernen sie sich anders kennen, was bedeutet, sie nehmen andere Seiten an sich und am Partner und so dessen Unterschiedlichkeit wahr. Damit kommt – vor allem auf Dauer – die Unzufriedenheit ins Spiel.

Unzufriedenheit schafft ein neues Verhalten

Um die Unzufriedenheit kommen Partner nicht herum. Sie tritt in einer Beziehung zwangsläufig auf, wenn Partner realisieren, dass sie nicht in allen Liebesbereichen zusammenkommen und dass die Beziehung sich nicht wunschgemäß entwickelt. Doch Unzufriedenheit bietet oft gute Chancen. Diese ergeben sich, wenn Partner in unbekannte Situationen geraten und dann auf unerwartete und unerwünschte Weise reagieren.

Eine unerwartete Reaktion stellt im Vergleich zur selektiven Kommunikation, zu Verliebtheit und Rücksichtnahme, stets ein *neues Verhalten* dar. Dieses neue Verhalten kann je nach Perspektive als erwünscht oder als unerwünscht betrachtet werden. Aus der Partner-Perspektive heraus erscheint beispielsweise eine spontane Ohrfeige, die eine Frau ihrem Mann eines Tages versetzt, als Verletzung oder Fehlverhalten. Aus der Beziehungs-Perspektive hingegen wird die gleiche Ohrfeige als interessante Information gesehen, weil dieses Verhalten etwas Neues darstellt. Dieses Neue ist in jedem Fall interessant, weil es vermutlich aus der Spannung resultiert, welche die Kluft zwischen Wunsch und Wirklichkeit entstehen lässt. Im nächsten Abschnitt werde ich zeigen, dass gerade diese problematisch erscheinenden neuen und oft unerwünschten Verhaltensweisen große Chancen für die Erhaltung einer Beziehung liefern.

Bleiben wir momentan bei dem neuen Verhalten und den dadurch verursachten Veränderungen in der Beziehung. Dass etwas Neues auftaucht, bedeutet zwar nicht zwangsläufig Probleme, die erfreulichen Überraschungen sind jedoch nicht das Thema dieses Buches. Hier interessieren die Neuigkeiten, welche die Kluft zwischen Wunsch und Wirklichkeit öffnen oder auf eine bestehende Kluft hinweisen. Bei solchen Neuigkeiten kann es sich um Worte, einen Blick, eine Geste, einen Streit, eine Meinungsäußerung, eine Zärtlichkeit, ein Schweigen, ein Abwenden oder etwas anderes Ungewohntes handeln. Ebenso kann etwas Erwartetes ausbleiben. Ob der Partner unerwartet sagt: «Das will ich nicht», oder ob er schon lange nicht mehr «Ich liebe dich» gesagt hat – in jedem Fall handelt es sich um etwas Neues.

Jedes neue Verhalten führt logischerweise zur Veränderung der Beziehung, weil darauf mit Sicherheit eine veränderte Reaktion erfolgen wird. Durch die veränderten Reaktionen aufeinander nimmt die Beziehung schließlich einen veränderten Zustand ein. Die Ursache dieser Veränderung ist in jedem Fall die Verhaltensänderung eines Partners. Das Farbfeld zwischen den Glühlampen war einst rot, und jetzt schimmert es grünlich. Da es seine Farbe nicht selbst verändern kann, muss zumindest eine der Lampen einen anderen Farbton aussenden. Übertragen auf Paarbeziehungen bedeutet das: Zumindest ein Partner muss sein Verhalten verändert haben, subtil oder massiv, bewusst und absichtlich oder unbewusst und unbemerkt. In jedem Fall aber führt neues Verhalten zur Veränderung der Beziehung,

92   LEBT DIE LIEBE, DIE IHR HABT

und einer veränderten Beziehung muss ein neues Verhalten zugrunde liegen.

Schauen wir uns deshalb die Vorgänge rund um das Thema «Neues» und die dadurch ausgelösten Veränderungen an, denn Veränderung in Beziehungen ist ein recht komplexes Thema.

Neues kann stören

Dass «neue Informationen» eine Beziehung aus dem Gleichgewicht bringen können, liegt auf der Hand. Wenn ein Partner beispielsweise nach einiger Zeit erfährt, dass der andere einen Teil des gemeinsamen Vermögens an der Börse verloren hat, oder wenn er allmählich Seiten am anderen erkennt, die ihn abstoßen, kann ihn das nicht unberührt lassen. In dem Fall wünscht sich mancher, er hätte vorher gewusst, dass sein Partner gerne riskant spekuliert oder sich in bestimmten Situationen unmöglich aufführt. Der Wunsch, auf solche Überraschungen vorbereitet zu sein, ist zwar verständlich, kann aus verschiedenen Gründen aber nicht erfüllt werden. Einmal, weil kein Partner vorher weiß, wie sich seine Bedürfnisse verändern werden. Dann auch, weil Trennendes so lange wie möglich zurückgehalten wird. Und schließlich, weil jeder sich nur aus gewohnten Situationen kennt.

Wenn jemand gern Tennis spielt, kann er unmöglich sagen, ob er in zwei Jahren noch immer von diesem Sport begeistert sein wird. Es könnte sein, dass er die Lust auf das Ballspiel verliert. Selbst wenn er seine Lust darauf behält, kann es unmöglich werden, dieser Lust nachzugehen, etwa weil er Gelenkprobleme oder einen Tennisarm bekommt.

Wenn es bei Hobbys schon schwierig ist, in die Zukunft zu blicken, wie soll es dann in einer Beziehung möglich sein? Wie soll der Einzelne sagen können, welche Folgen eine Familiengründung für ihn haben wird, wie sich seine erotischen Neigungen entwickeln werden, welchen Bedarf an Nähe er zukünftig haben wird oder wie sich seine berufliche Entwicklung auf ihn auswirken wird?

Stellen wir uns vor, Partner müssten zu Beginn einer Beziehung eine Garantie-Erklärung unterzeichnen: «Ich garantiere, dass ich … dir alles Wichtige sagen werde (aber was ist wichtig?), dich nie belügen werde (was ist Schwindel, was Lüge?), dir treu sein werde (auch in der Phantasie?), dich immer begehren werde (egal, wie du dich veränderst), für dich sorgen werde (egal, wie du dich verhältst?), gern mit dir meine Freizeit verbringen werde (was immer du willst) …» und so weiter. Wer könnte solch eine Garantie bezüglich sich selbst abgeben? Niemand, weil niemand weiß, wie er sich entwickeln wird. Dennoch glauben Partner, eine solche Garantie gegeben und erhalten zu haben. Doch trotz bester Absichten und reiflicher Planung entwickelt sich das Individuum unbeeindruckt davon.[8]

Der Einzelne muss in gewisser Hinsicht abwarten, welche Entwicklung seine Gefühls- und Bedürfniswelt nehmen wird. Wenn er dann eine Veränderung an sich feststellt, wirkt diese in der Beziehung als neue Information mit unbekannten Auswirkungen. Abgesehen davon können bestimmte Informationen allein dadurch zu neuen Informationen werden, dass sie eine veränderte Bedeutung erhalten. Dann hat man etwas gewusst, aber man konnte nicht wissen, was es im Zusammenleben auf Dauer bedeuten würde. So sagte eine Frau in der Paarberatung beispielsweise:

Mir war schon klar, dass mein Partner sexuell sehr
viel mehr braucht als ich. Am Anfang war es auch
schön, zweimal täglich Sex miteinander zu haben,
aber auf Dauer ist es mir viel zu anstrengend.

Der Freund dieser Frau hatte aus seinen sexuellen Bedürfnissen nie einen Hehl gemacht, und anfangs wurden diese
auch willkommen geheißen. Nur wie die Frau im Laufe der
Zeit auf sein Dauerbegehren reagieren würde, das konnte sie beim besten Willen nicht wissen, dazu fehlte ihr die
unmittelbare körperliche und emotionale Erfahrung dieser
«Dauerbelagerung».

In einer anderen Beziehung drängte die Frau nach einigen
Jahren massiv darauf, in ihre Heimat nach Australien zu-
rückzukehren. Wie wichtig ihr dieser Wunsch einmal sein
würde, ahnte sie zu Beginn der Beziehung nicht, und auch
ihr Mann wurde davon überrascht.

Es stimmt, du hast mir schon in der ersten Woche
gesagt, dass du am liebsten nach Australien
zurückkehren willst, aber ich habe dem keine
Bedeutung beigemessen, habe unsere Liebe für
wichtiger gehalten.

Nun hat die Zeit gezeigt, dass der Frau auch andere Dinge
neben der Liebe wichtig sind, in diesem Beispiel das soziale
Umfeld und die Sehnsucht nach einer Heimat. Selbst wenn
der Mann sich entschließen sollte, mit nach Australien zu
gehen, wäre nicht klar, ob auch er dort eine Heimat finden
könnte und ob die Beziehung dort erhalten bliebe.

Die Zeit – gemeint sind damit die Entwicklungen, die im

Laufe der Zeit geschehen – wird zeigen, von welchen Veränderungen eine Beziehung betroffen sein und wie weit sich die Kluft zwischen Wunsch und Wirklichkeit auftun wird. Lassen Sie mich an dieser Stelle auf die Beispiele aus dem Abschnitt «Wo und wie Partner zusammenkommen» zurückkommen und diese vervollständigen. Vorne zeigten die Beispiele, was die Partner zusammenbrachte. Jetzt zeigen die Ergänzungen ihrer Aussagen, was im Laufe der Zeit *sonst noch* auftauchte oder was klarer erkannt wurde. Diese neuen Informationen, die ich vorne weggelassen habe, sind hier zur Verdeutlichung der Abläufe gerade gesetzt.

Ich bin 32 Jahre alt und mit meinem Mann seit fast 11 Jahren zusammen, seit 3 ½ Jahren sind wir verheiratet. Leidenschaft und Sehnsucht habe ich bei meinem Mann noch nie gespürt, ich glaube, auch nicht am Anfang unserer Partnerschaft. *Auch optisch sagt mir mein Mann nicht besonders zu, aber er hat eine Menge gewonnen durch seinen phantastischen Charakter und dadurch, dass wir die gleichen Interessen und Lebenseinstellungen haben.*

Unsere Beziehung begründete sich sehr schnell auf Interessen, Seele und Freundschaft. Im Bett haben wir schon nach kurzer Zeit nur gekuschelt.

Ich bin seit 12 Jahren verheiratet, aber ich bin mir jetzt sicher, und das nicht erst seit jetzt, dass ich ihn nicht aus Liebe geheiratet habe, *mehr aus Vertrauen, Geborgenheit und Sicherheitsgefühlen.*

Ich habe ihn nie richtig begehrt und schlafe nur mit ihm, wenn es wirklich nicht anders geht.

Vor einem halben Jahr habe ich eine Frau kennengelernt, die mich von Anfang an fasziniert hat, allerdings offenbar mehr auf der seelischen Ebene als auf der sexuellen.

Seit einigen Jahren, schleichend sozusagen, *wurden unsere intimen Kontakte für mich zwar nicht weniger befriedigend im körperlichen Sinne, aber ich* begann die seelische Komponente zu vermissen, *die nie richtig da war. Ich realisierte, dass die eigentliche Verbindung zwischen mir und meinem Mann, abgesehen von den Kindern, recht inhaltslos ist.*

Seit zwei Jahren bin ich mit einem Mann zusammen, der mich sehr liebt. Intensive Gespräche, gemeinsame Aktivitäten sind an der Tagesordnung. Auch sexuell haben sich mir neue Horizonte eröffnet. Das Problem ist, dass wir in vielen Dingen völlig unterschiedlicher Ansicht sind. Oft sind das Alltagsdinge, aber auch Lebenseinstellungen. Ich zweifle daran, dass unsere Beziehung alltagstauglich ist.

Wir sind 7 Jahre zusammen, haben ein Fitnessstudio zusammen aufgebaut. Nun läuft der Laden, und wir stellen fest, dass wir immer weniger miteinander anfangen können.

*. . . sexuell hat die Beziehung meine kühnsten
Erwartungen übertroffen . . . Die Sexualität hat
immer eine herausragende Rolle gespielt.* Aber
neuerdings kommt hinzu, und dieser Punkt lässt
mich überhaupt nicht los, dass ich mir so sehr
ein Kind wünsche, meine Frau aber keines bekommen kann.

*Wir sind ein ganz phantastisches Team, auch ero-
tisch.* Erschwert wird unsere Situation durch die
Tatsache, dass meine Frau von großem Heimweh
geplagt ist und wir eine kleine zweijährige
Tochter haben.

Die Beispiele zeigen, dass die Zeit Dinge hervorbringt, die
anfangs nicht gesehen wurden und auch nicht gesehen werden konnten oder deren Bedeutung anfangs unklar war. Der
Grund, warum solche unerwarteten Entwicklungen eintreten, liegt natürlich in individuellen Veränderungen der
Partner. Aber gerade diese sind ja unvorhersehbar, weil der
Einzelne nicht wissen kann, von welchen Veränderungen er
zukünftig betroffen sein wird.

So gesehen ist eine Beziehung jederzeit durch die
Partner gefährdet, und zwar durch die Partner in
ihrer Eigenschaft als Individuen. Die größte Gefahr
für eine Beziehung sind die Partner selbst.

Die Partner gehören zu den großen Unbekannten im Bezie-
hungsspiel. Natürlich denkt jeder, er kenne den Partner. Und
selbstverständlich kennt er ihn auch. Er kennt aber lediglich

dessen gewohnte Reaktionen und kann diesbezüglich einigermaßen verlässliche Voraussagen treffen – solange alles in
gewohnten Bahnen verläuft.

Doch nichts bleibt lange, wie es war, schon gar nicht ein
Leben lang. Ein Mann wurde nach einer Prostataoperation
unfruchtbar, womit weder er noch die Partnerin rechnen
konnten. Die Beziehung stand dadurch auf der Kippe. In
einem anderen Fall entdeckte eine Frau, die als Atheistin
in die Ehe gegangen war, nach einigen Jahren ihre Liebe zu
Gott und wurde Mitglied einer freien, etwas fundamentalen
Kirchengemeinschaft. Seither hat sie Probleme, mit einem
Mann zusammen zu sein, der sich vom lieben Gott völlig
unbeeindruckt zeigt.

Neues zeigt sich unerwartet, sonst würde es diese Bezeichnung nicht verdienen. Wenn es dann auftaucht, stört
es, denn es gefährdet einen gewohnten Zustand, beispielsweise die lieb gewonnene Harmonie in der Beziehung oder
die heiß geliebte Leidenschaft. Weil es stört, und das oft auf
massive Weise, wird Neues nicht neugierig und interessiert
aufgegriffen, sondern möglichst lange abgewehrt oder zurückgehalten.

Neue Information wird, so lange es geht,
abgewehrt

In der Beratung höre ich oft Sätze der folgenden Art:
«Stimmt, du hast das schon vor einem Jahr gesagt, aber ich
habe dem keine Bedeutung beigemessen.» Oder: «Wenn ich
es richtig überlege, weiß ich schon lange, dass wir deshalb
Streit bekommen werden.» Bedeuten diese Erkenntnisse,

die Partner hätten die neue Information bereits früher aufgreifen können? Nein, das konnten sie nicht. Dafür ist die Beziehungsstörung anfangs nicht massiv genug. Zuerst stört etwas kaum, dann ein bisschen, nach einer Weile erst zeigen sich massivere Auswirkungen. Schließlich sind die Auswirkungen eines veränderten Verhaltens nicht mehr zu übersehen, und jetzt erst wenden sich die Partner der Störung zu. Neues wird möglichst lange abgewehrt. Diese Abwehr störender Informationen fußt in der Ungewissheit darüber, was die neue Information auslösen oder anrichten wird. Aus dieser Unsicherheit heraus werden neue Informationen auch dann noch zurückgehalten, wenn sie längst bewusst sind. Das hört sich im Originalton eines Partners so an:

> In den ersten beiden Jahren haben wir unheimlich
> viel Nähe gehabt, ständig gekuschelt und ge-
> schmust. Jetzt geht mir das zunehmend auf die
> Nerven. Ich weiß aber nicht, wie ich ihr das
> sagen soll, ich habe Angst, dass etwas mit unserer
> Beziehung nicht stimmt.

Offensichtlich besteht bei dem Mann selbst die Erwartung, die anfängliche Nähe müsste ununterbrochen aufrechterhalten werden, weshalb er sich weiterhin zum Dauerkuscheln verpflichtet fühlt. Dabei ist unklar, ob die neue Information (der Wunsch nach mehr Abstand) von der Partnerin positiv oder negativ aufgenommen würde. Möglicherweise wäre die Frau ebenfalls erleichtert, weil es ihr ähnlich ergeht. Dann würde die Beziehung zwar körperlich etwas distanzierter, aber auch emotional besser werden. Möglich auch, dass die Frau enttäuscht oder verletzt reagiert und die Beziehung

Schaden nimmt. Wer weiß? Die Ungewissheit hierüber ist ein Grund für die gezeigte Zurückhaltung.

Bei anderen neuen Informationen erscheint es ziemlich sicher, dass sie stören. Mit einiger Sicherheit enttäuscht reagieren Partner auf die neue Information, der andere sei sexuell unzufrieden, und mit ziemlicher Sicherheit verletzt reagieren sie auf die Mitteilung, es habe ein Seitensprung stattgefunden. Deshalb werden solche Mitteilungen, die gegen unausgesprochene Erwartungen oder ausdrückliche Versprechungen, beispielsweise das Versprechen der Treue, verstoßen, erst recht so lange es möglich ist oder nötig scheint zurückgehalten.

Wer versprochen hat, den anderen «für immer» zu lieben, dem fällt es schwer, vom Schwinden seiner Gefühle zu sprechen. Wer von sich selbst erwartet, für den anderen «immer und ganz» da zu sein, dem fällt es schwer, zuzugeben, dass er unerfüllte Bedürfnisse mit sich trägt und selbst etwas braucht. Wenn deutlich wird, dass sich die Wünsche oder Bedürfnisse der Partner unterscheiden, rufen sie manchmal entsetzt aus: «Aber du hast doch gesagt, du liebst mich ...» Unausgesprochen geht der Satz mit der Formulierung weiter: «... wie kannst du das dann tun/wie kannst du dann so sein!» Die Partner sind stillschweigend davon ausgegangen, dass die eigene Innenwelt und die des Partners deckungsgleich sind. Die neue Information macht klar, dass dies nicht der Fall ist.

Die Abwehr neuer Informationen ist natürlich und nachvollziehbar. Sie führt jedoch nicht zur Kontrolle über das eigene Verhalten. Was lange Zeit ignoriert, geleugnet oder verborgen wird, findet dennoch Wege, sich in die Beziehung einzumischen.

Manchmal muss es dicke kommen

Ich habe schon angedeutet, dass eine Veränderung einen gewissen Druck aufbauen muss, um von den Betroffenen wahrgenommen und aufgegriffen zu werden. Menschen bemerken Veränderungen des eigenen Zustandes oder der eigenen Bedürfnislage oft erst an deren Folgen, also dann, wenn sie genügend Probleme hervorrufen und sich beispielsweise emotional oder körperlich massiv bemerkbar machen.

Greifen wir zur Erläuterung das Beispiel der sexuellen Unzufriedenheit auf. Natürlich wäre es wünschenswert, wenn ein Partner seine Unzufriedenheit möglichst frühzeitig mitteilen würde, bevor sich allzu viele negative Gefühle aufgestaut haben. Wünschenswert heißt aber nicht, dass es auch rechtzeitig machbar wäre. Denn wie bemerkt ein Partner, dass er sexuell unzufrieden ist? Noch genauer formuliert: Wie bemerkt er unter dem beidseitigen Erwartungsdruck einer funktionierenden Sexualität, dass er unzufrieden ist? Er wird sich gegen diese Information aus seinem Inneren wehren, um keine Unordnung in die Beziehung zu bringen. Er wird sich die Sache schönreden – «Es kann ja nicht jedes Mal gut sein» – oder sich Hoffnung machen – «Das wird schon wieder werden» – oder einen anderen Grund finden, sich die peinliche Erkenntnis der sexuellen Unzufriedenheit und einen Konflikt mit dem Partner zu ersparen. Er wird sich so lange selbst beschwindeln oder seine Wahrnehmungen so lange ignorieren, bis sein Körper oder seine Gefühlswelt ihm eindeutige Signale gibt. Erst wenn er eine Abneigung gegen den Sex mit dem Partner, im Extremfall sogar Ekel entwickelt, wenn er massiv von Sex mit anderen zu phantasieren beginnt oder ihm ein Seitensprung passiert, mag er reif für die Mitteilung der neuen Information «Es macht mir keinen Spaß mehr» sein. Vielleicht platzt diese Bemerkung erst in einem Streit heraus. Dann könnte man sagen, dass seine Körper oder sein Gefühl ihm die Information vermittelt hat, und zwar derart intensiv, dass er seine Kontrolle (die Zurückhaltung oder das Mitmachen) nicht mehr ausüben konnte.

Manchmal muss es eben dicke kommen; und das gilt gerade für Beziehungen. Starke Gefühle, heftige Körperempfindungen und quälende Phantasien stellen solche massiven Mitteilungen aus der Innenwelt der Partner dar, die sich gegen bestehende Gedanken und Meinungen durchsetzen müssen und das auf Dauer auch tun. Dann ermöglicht erst ein gewisser Leidensdruck, Wünsche und Bedürfnisse auch gegen die eigenen Bedenken zu äußern. Wenn es schließlich heraus ist, sei es im Streit oder durch direkte Mitteilung, wird dem Partner seine eigene Unzufriedenheit in vollem Umfang klar. Auf die Frage «Wie hast du denn gemerkt, dass du sexuell unzufrieden bist?» würde ein Mann dann vielleicht antworten: «Weil ich keine Erektion mehr bekam», und eine Frau würde sagen: «Weil ich nicht mehr erregt wurde.» Die von Medizinern so genannte Erregungsstörung stellt, neutral gesehen, eine interessante «neue Information» dar. Wird diese Information konsequent genutzt, wird ein Paar irgendwann sagen: Gott sei Dank hatten wir diese Erregungsstörung, weil uns dadurch klar wurde, was wir in der Sexualität vermissen; und weil wir uns dann besser darum kümmern konnten.

Manchmal muss es dicke kommen, bevor man vor sich selbst zugeben kann, dass sich etwas verändert hat. Erst

103   Die Beziehungs-Perspektive

dann kann man es vor dem Partner zugeben. Aber auch damit können wir das Thema Veränderung und Kluft zwischen Wunsch und Wirklichkeit noch nicht abschließen.

Persönliches Feedback von der Beziehung

Selbst gehöriger Leidensdruck hilft nicht immer über die Hemmungen hinweg, die sich der Wahrnehmung beziehungsweise der Mitteilung von Veränderungen und dem Austausch neuer Informationen in den Weg stellen. Gerade in Beziehungen erweisen sich Partner als extrem leidensfähig. Sie halten durch, machen gute Miene zum bösen Spiel und schweigen; und das mit besten Absichten. Die Zurückhaltung soll helfen, die Liebe zu erhalten.

Die Frage ist nur, wie lange man sein Verhalten wirkungsvoll kontrollieren kann. Der Kuss wird flüchtiger, das Lächeln erscheint verkniffen, die Berührung wird oberflächlich. Kein Mensch kann sich dem Partner gegenüber derart verstellen, dass dieser nicht das Verhalten bemerken würde. Er nimmt die Gestik, den Gesichtsausdruck, die Augen, das merkwürdige Verhalten wahr. Das heißt nicht, dass er es *bewusst* registrieren muss, aber das ist auch nicht nötig. Es genügt, wenn der Partner aufgrund einer unbewussten Wahrnehmung seines Gegenübers ein «komisches» Gefühl bekommt. Obwohl ihm der oberflächliche Kuss von Partner A nicht auffällt, spürt Partner B «irgendwas» und beginnt, sich in der Gegenwart des anderen unwohl zu fühlen, was dieser «irgendwie» bemerkt und worauf er dann seinerseits gereizt oder unsicher reagiert. Schließlich platzt einem Partner eine Bemerkung heraus, und es entsteht ein Wortgefecht, oder die Partner gehen sich auch aus dem Weg, und es stellt sich Distanz ein. Dann erst fällt den Partnern auf, dass etwas nicht stimmt. Die Beziehung ist «komisch» oder «plötzlich anders» geworden.

> Damit ist die merkwürdige Situation entstanden,
> dass einer oder beide Partner das Neue (die eigene
> Veränderung) nicht an sich selbst, sondern am
> Feedback ihrer Beziehung bemerken.

Das ist fast so, als würde die Beziehung sagen: «Hier stimmt etwas nicht, ihr müsst mal nachsehen, was mit euch los ist.» Die Beziehung weist gewissermaßen durch ihren veränderten Zustand darauf hin, dass ein Partner ein verändertes Verhalten gezeigt hat. Solche Vorgänge kennt jeder Partner aus seinem Beziehungsalltag. Lassen Sie mich zwei Beispiele anführen.

Ein extremes Beispiel gibt ein Paar, das sich über Jahre hinweg auf den Aufbau eines gemeinsamen Geschäftes konzentrierte. Nach vier Jahren sind die beiden auf einer Hochzeit eingeladen und sehen das junge Paar in zärtliche und leidenschaftliche Küsse versunken. Das macht die beiden stutzig, ihnen fällt auf, dass sie selbst sich nur noch selten so nah sind. Sie meiden emotionale und körperliche Nähe. «Wir haben vor vier Monaten das letzte Mal miteinander geschlafen», sagt sie. Er nickt betroffen. Jetzt erst vermissen die beiden Nähe und fragen sich, wie es dazu gekommen ist.

Das weniger extreme Beispiel gibt ein Paar im Freizeitbereich. Der Mann ist begeisterter Kulturkonsument, er schleift seine Frau von Ausstellung zu Ausstellung und von Oper zu Operette. Da die beiden ansonsten nicht viele Gemeinsamkeiten in der Freizeit teilen, hält die Frau das durch. Sie glaubt, es sei wichtig, in einer Beziehung möglichst viele Gemeinsamkeiten zu haben. Irgendwann fällt den beiden aber auf, dass sie nebeneinanderher laufen. Ihre Beziehung ist distanziert, womit beide unzufrieden sind. Die Partner fragen sich nun, wie es zu dieser Distanz kam. Erst durch dieses Feedback seitens der Beziehung – durch den emotionalen Abstand zueinander – wird der Frau klar, dass sie gelangweilt ist, und der Mann entdeckt, dass er sich mit den ständigen Unterhaltungsangeboten an seine Frau selbst einen ziemlichen Stress bereitet. Keiner von beiden konnte diese Empfindungen an sich bemerken oder sich diese eingestehen, auch nicht am Verhalten des anderen. Jeder wirkte willig an der Freizeitgestaltung mit. Erst als die Beziehung dadurch schlechter wurde, fiel es ihnen auf.

Halten wir an diesem Punkt fest, dass sich Beziehungen unabhängig davon verändern, ob die Partner das wollen oder nicht. Kein Partner hat sich selbst genug in der Hand, um ein bewährtes Verhalten trotz eigener Veränderungen aufrechtzuerhalten. Partner können nicht einmal dafür garantieren, dass ihre Wünsche dieselben bleiben, die sie vor kurzem noch waren.

So kommt es in Beziehungen immer wieder zu Klüften zwischen Wunsch und Wirklichkeit. Dass diese Kluft neu entsteht, gleichgültig wie oft sie geschlossen wurde, gehört zu den Normalitäten einer Beziehung. Es wäre verwunderlich, wenn eine Beziehung dauerhaft alle Wünsche zweier unterschiedlicher Individuen erfüllen könnte. Diese Kluft erscheint schon deshalb unvermeidbar, weil die Wünsche bei den Individuen angesiedelt sind, die Beziehung sich aber *zwischen* den Individuen abspielt. Die Partner selbst sind die großen Unbekannten in der Gleichung Beziehung. Sie gefährden die Beziehung, weil sie sich verändern und dadurch in den gewohnten und bewährten Ablauf der Reaktionen aufeinander eingreifen.

Was lange funktionierte, funktioniert nicht mehr, weil einer etwas anderes tut und der andere ebenfalls aus dem Konzept gebracht wird. Die Beziehung gerät in Unordnung oder Gefahr, und die Partner wollen sie erhalten. Ihre diesbezüglichen Bemühungen sind Thema des nächsten Abschnitts.

VERSUCHE, BEZIEHUNGEN ZU ERHALTEN

Sinnvolle Probleme

Wenn Partnern bewusst wird, dass ihre Beziehung von ihren Wünschen abweicht, haben sie automatisch ein Problem. Und da sich die Kluft zwischen Wunsch und Wirklichkeit früher oder später unvermeidlich öffnet, mal mit einem kleinen, mal mit einem großen Spalt, lautet die logische Konsequenz hieraus: Probleme sind in Beziehungen unvermeidlich.

Das ist eine unbequeme Wahrheit. Wer möchte schon gern ein Beziehungsproblem haben? Wer möchte gern damit konfrontiert sein, dass die Liebe sich anders als erwartet entwickelt? Und wer möchte darüber hinaus realisieren, dass dies nicht zufällig geschieht, sondern dass er aufgrund seines Verhaltens daran beteiligt ist?

Problemen gegenüber wird allgemein eine ablehnende Haltung eingenommen. Das ist auf der einen Seite verständlich, auf der anderen Seite sind Probleme besser als ihr Ruf. Sie fühlen sich zwar schlecht an, sind lästig oder rufen beträchtliches Leid hervor, aber sie sind auch nötig, um auf veränderte Situationen reagieren zu können.

Eines meiner Bücher[9] trägt den Untertitel *Wer etwas ändern will, braucht ein Problem.* Darin beschreibe ich, dass alles Leben – sowohl das biologische Leben der Organismen als auch das soziale Leben der Gesellschaft – nicht deshalb weitergeht, weil die Lebewesen und Institutionen irgendetwas «richtig» machen, sondern weil es ihnen gelingt, auftauchende Schwierigkeiten zu bewältigen. Ein Virus vervielfältigt sich in aller Ruhe im menschlichen Körper, bis ihm das Immunsystem auf den Leib rückt. Jetzt hat es ein Problem, und nur wenn es sich selbst, seine genetische Struktur, verändert, kann es überleben. Das Virus konnte den Angriff des Immunsystems nicht kommen sehen, es konnte das Problem nicht vermeiden, aber es geht damit um. Vergleichbares gilt für eine Gesellschaft. Das Problem der Überalterung unserer Gesellschaft beispielsweise kann niemand verhindern, aber es muss bewältigt werden, wenn die Gesellschaft in dieser Form bestehen bleiben soll.

Menschen können noch so aufmerksam sein und sich noch so anstrengen, sie werden die komplexen Zusammenhänge der Natur (siehe Klimakrise) und der Gesellschaft (siehe Kriege, Reichtumsverteilung etc.) niemals genügend durchschauen, um Probleme zu verhindern. Sie werden mit zahllosen Vorhaben und Plänen scheitern. Aber sie können ihre Kraft in die Bewältigung dieses unvermeidlichen Scheiterns stecken, und dann stehen die Chancen zum Weitermachen recht gut, sonst wären Gesellschaften längst untergegangen.

Das Gesagte ist auf Paarbeziehungen übertragbar. Auch in Beziehungen lassen sich die komplexen Zusammenhänge der gegenseitigen Reaktionen aufeinander nicht genügend durchschauen, um Schwierigkeiten zu vermeiden. Wenn die

Partner sich dann nicht an die Bewältigung dieser Schwierigkeiten machen, hat ihre Beziehung geringere Chancen, zu bestehen.

Probleme rufen demnach zur Veränderung auf. Wenn im Bett statt Sturm eine Flaute herrscht, ist zwar ein Problem entstanden. Das Problem aber weist zugleich auf eine Veränderung hin: auf sexuelle Unzufriedenheit. Diese Information aufzugreifen bedeutet: «Wir müssen unser Verhalten ändern.» Partner können sich insofern bei ihren Problemen für den Anstoß zu Veränderung bedanken. So gesehen sind Probleme zwar immer noch lästig oder schmerzhaft, aber sie werden auch interessant.

> Ein Beziehungsproblem ist ein Warnsignal, das sagt: Achtung, etwas aufseiten des einen oder anderen Partners hat sich verändert! Es zeigen sich bereits spürbare Auswirkungen dieser Veränderung auf die Beziehung. Wir sollten uns auf diese Veränderung einstellen, damit die Beziehung erhalten bleiben kann!

Das Problem liefert eine Antwort auf die Frage, was zukünftig mehr berücksichtigt werden sollte, und damit Hinweise zu seiner eigenen Lösung.

Probleme liefern Lösungen

Probleme liefern Hinweise zu ihrer Lösung. Auf dieser für viele Menschen überraschenden Erkenntnis baut meine Arbeitsweise in der Paarberatung auf, die ich «Erlebte Beratung»[10] nenne. Mir ist noch kein Problem begegnet, das nicht in der Lage wäre, die Richtung anzuzeigen, in der seine Lösung liegt. Das kann auch nicht anders sein, weil ein Problem immer zwei Seiten hat, die in Konflikt miteinander geraten.

Beispielsweise ist sexuelle Flaute in einer Beziehung an sich noch kein Problem. Sie wird erst zum Problem, wenn ein Partner sexuelle Lust vermisst. Dann stehen sich in diesem Partner zwei Seiten gegenüber. Eine Seite steht für das, was bisher funktioniert hat (die praktizierte Sexualität), die andere Seite steht für das, was jetzt stört (die Unlust). Dieses Störende stellt die von mir so bezeichnete «neue Information» dar, man könnte auch sagen, etwas bisher Übersehenes oder Nichtbemerktes. Die Seite der Unlust weist darauf hin, dass eine Routine besteht und jemand keine Lust mehr auf gewohnte Abläufe hat. Er möchte aufhören, bei Dingen mitzumachen, die ihn langweilen. Die scheinbar problematische Unlust zeigt sich als Versuch, eine Lösung herbeizuführen und nein zu etwas zu sagen.

Fast alle Probleme enthalten Hinweise zu ihrer Lösung. Das hört sich kompliziert an, ist aber ein leicht zu verstehender Mechanismus. Nehmen wir zur Erläuterung ein Beispiel aus einem anderen Lebensbereich. Stellen Sie sich vor, in Ihrer Wohnung wird ein Heizungsrohr, das unter dem Fußboden verlegt ist, ein wenig undicht. Lange Zeit bemerken Sie gar nichts, bis Sie eines Tages einen Schimmelfleck im Holzboden entdecken. Bis zu diesem Moment fühlten Sie sich wohl, aber jetzt haben Sie ein Problem, nämlich den besagten Schimmelfleck. Er liefert den Hinweis, dass etwas nicht stimmt. Dieser Hinweis veranlasst Sie dazu, der Sache auf den Grund zu gehen. Sie öffnen den Boden, suchen und finden die undichte Stelle und lassen sie verlöten. Nachdem Sie das Problem auf diese Weise bewältigt haben, sagen Sie: Gott sei Dank habe ich das Leck anhand des Schimmelflecks bemerkt, sonst wäre der ganze Fußboden zerstört worden. Ebenso gut könnten Sie sagen: Gott sei Dank habe ich das Problem bekommen, sonst hätte ich die ihm zugrunde liegende Veränderung übersehen und nicht darauf reagieren können.

Bevor der Schimmelfleck auftauchte, war nur eine Seite da – Sie hatten eine gemütliche und sichere Wohnung. Durch den Schimmelfleck ist die andere Seite deutlich geworden. Diese zweite Seite stört zwar, weil sie nicht zur ersten Seite passt, aber sie liefert auch den Hinweis auf die unbemerkte Veränderung, die unter dem Fußboden stattfand. Der Schimmelfleck stört, er schafft das Problem (besser: das Problembewusstsein) und weist auf die Lösungsrichtung hin. Insofern liegt die Lösung stets im Problem.

Man kann dieses Beispiel auf Beziehungen übertragen. Ihre Gefühle verändern sich «unter dem Fußboden», also im Bereich des Unbewussten. Eines Tages schnauzen Sie Ihren Partner heftig an, wodurch ein Problembewusstsein entsteht, der besagte Schimmelfleck. Jetzt müssen Sie sich mit Ihrem kleinen Ausbruch befassen, weil Ihr Partner verletzt reagiert und Sie zur Rede stellt. In der folgenden Auseinandersetzung entdecken Sie, dass Sie schon lange genervt waren, das aber verschwiegen. Jetzt liegt das Problem frei, der Fußboden ist sozusagen geöffnet, und Sie besprechen das Thema mit Ihrem Partner, bis eine Verständigung erreicht ist. Anschließend hätten sie alles Recht zu sagen: «Gott sei Dank ist mir diese dumme Bemerkung rausgerutscht, sonst hätte ich das Problem noch lange mit mir herumgetragen, und es wäre ein dicker Streit entstanden», und womöglich ein größerer Schaden an der Beziehung.

> Man braucht ein Problem = ein Problembewusstsein, um sich an die Bewältigung einer Veränderung zu machen. Dieses Problembewusstsein besteht schlicht darin, eine Störung zu bemerken. Auch in Beziehungen braucht es Störungen, sonst läuft alles wie gewohnt, die Veränderung bleibt unberücksichtigt, und die Beziehung geht den Bach hinunter.

Wer ein Problem nicht bemerkt, setzt seine Beziehung aufs Spiel, ohne es zu wissen und ohne es ändern zu können. Auch dazu möchte ich ein Beispiel bringen. Ein Mann erlitt eine psychische Krise und begab sich für einige Wochen in eine psychosomatische Klinik. Dort befasste er sich durch therapeutische Begleitung intensiv mit seinem Leben und erkundete Gefühle und Seiten von sich, mit denen er sich bisher kaum befasst hatte. Nach Hause zurückgekehrt, verließ er nach einer Woche seine Frau. Er sagte hierzu: «Mir ist erst jetzt klar geworden, dass ich die letzten Jahre so viel gearbeitet habe, um nicht mit ihr zusammen sein zu müssen. Ich habe schon lange keine Liebesgefühle mehr für sie. Es ist vorbei und Zeit für mich, ein neues Leben anzufangen.»

Vor seiner Krise hatte der Mann kein Problembewusstsein und konnte daher nichts verändern, obgleich das Thema schon seit Jahren bestand. Sein fehlendes Problembewusstsein hat ihm schließlich ein großes Problem beschert, die besagte psychische Krise. Diese Störung konnte er nicht ignorieren. Als er sich daraufhin mit seinen Gefühlen befasste, stellte er fest, dass die Verbindung zu seiner Frau seit langem gekappt war. Er fand in sich keine Liebe für sie und keine Bereitschaft mehr, die Beziehung fortzuführen. Er trennte sich, übrigens mit der Bemerkung: «Wenn ich es früher gemerkt hätte, wäre vielleicht eine Chance da gewesen.»

Diese Bemerkung trifft den Kern der Vorgänge. Niemand hat gern Probleme, dennoch werden sie gebraucht. Sie fordern zur Veränderung der Beziehung auf, um sie an eine bereits vollzogene Veränderung der Individuen anzupassen. Dies führt zu der wesentlichen Erkenntnis:

Beziehungsprobleme sind Veranstaltungen zur Gewinnung neuer Informationen, die gebraucht werden, um eine Beziehung verändern und weiterführen zu können.

Wer Probleme mit dem Partner auf diese Weise versteht, der mag ein Interesse an ihnen gewinnen. Der sagt dann, sobald ein Problem auftaucht, nicht: «Mist, schon wieder ein Problem», sondern äußert vielleicht: «Interessant, was mag sich da verändert haben? Was soll da zukünftig berücksichtigt werden?» Wer so an die Sache herangeht, hat begriffen, dass Beziehungen nicht deshalb halten, weil darin permanent Harmonie herrscht, weil darin keine Konflikte ausbrechen oder weil Partner angeblich alles richtig machen, sondern weil die darin auftauchenden Probleme aufgegriffen und bewältigt werden.

115 *Versuche, Beziehungen zu erhalten*

Zwei grundsätzliche Möglichkeiten, die Beziehung zu erhalten

Wenn Probleme auftauchen – die besagte Kluft zwischen Wunsch und Wirklichkeit – und wenn sie von den Partnern erkannt sind, stellt sich die Frage, wie sie bewältigt werden können. Das ist im Grunde eine zentrale Frage dieses Buches. Die eigentliche Frage lautet nämlich nicht: «Wie können Beziehungen erhalten bleiben?», sondern: «Wie können Beziehungen *unter den Bedingungen ständiger Veränderung entweder der Partner oder der Umstände* erhalten bleiben?» Denn etwas ändert sich immer, sei es bei den Partnern oder bei den Umständen.

Für die Bewältigung schwieriger Situationen bieten sich zwei verschiedene Ansätze an. Der erste Ansatz ist verbreitet und ergibt sich aus der Partner-Perspektive. Er betreibt die Anpassung der Beziehung an die Partnerwünsche, weshalb ich ihn als zielgerichteten Manipulationsversuch bezeichne. Der zweite Ansatz ergibt sich aus der Beziehungs-Perspektive. Er betreibt die Anpassung der Partner an ihre Beziehung, weshalb ich ihn mit dem Begriff «Ausloten» und dem Vorgang des Erforschens beschreibe.

Mit diesen beiden Möglichkeiten, die in der Praxis oft Hand in Hand gehen und die dennoch sehr verschieden in ihrer Vorgehensweise und in ihrer Zielsetzung sind, werde ich mich im Folgenden befassen. Dabei werden die Grenzen und Möglichkeiten dieser Ansätze deutlich werden, und es werden sich Antworten auf die Frage ergeben, was machbar ist und was nicht.

Zielgerichtete Manipulation – der Ansatz der Beziehungsgestaltung

Wenn Partner erkennen, dass ihre Beziehung eine unerwünschte Entwicklung nimmt, besteht ihr erster Impuls darin, etwas *gegen* diese Entwicklung zu tun. Ist die Beziehung langweilig, wird versucht, Lebendigkeit reinzubringen. Ist sie lustlos, wird an der Sexualität gearbeitet. Ist sie unzuverlässig, wird an Vereinbarungen gefeilt. Ist ein Streit ausgebrochen, wird an der Kommunikationsfähigkeit gearbeitet, und bei einem Machtkampf wird auf Ausgleich von Geben und Nehmen gedrängt.

Das gängige Stichwort hierbei lautet «Beziehungsgestaltung», der treffendere Begriff wäre «Beeinflussung». Einem solchen Gestaltungsansatz liegt die Frage zugrunde: «Was müssten die Partner tun, um die gewünschte Beziehung zu haben?» Da ihre Beziehung gegenwärtig zu wünschen übrig lässt, wird den Partnern unausgesprochen oder ausdrücklich ein falsches Verhalten unterstellt. Oder ihnen wird gesagt, sie würden über unzureichende Fähigkeiten verfügen und müssten dazulernen. Ihre Beziehung leide an einem Mangel, der verschwände, sobald sich die Partner richtig verhielten. An solcher Verhaltensänderung wird dann gearbeitet, um die Beziehung in den gewünschten Zustand zu manipulieren.

Bevor es zu Missverständnissen kommt, erlauben Sie mir eine Bemerkung zum Begriff der Manipulation. Ich verwende das Wort hier wertneutral im Sinne der Beeinflussung. Daran, seine Beziehung beeinflussen zu wollen, ist nichts

117 *Versuche, Beziehungen zu erhalten*

auszusetzen, zudem eine Beziehung ständig durch jede Art von Verhalten beeinflusst wird. Der Versuch der Beziehungsmanipulation geht also völlig in Ordnung. Die Frage ist nur, ob eine solche Manipulation tatsächlich zielgerichtet erfolgen kann. Dieser Frage möchte ich in diesem Abschnitt über den Gestaltungsansatz nachgehen und einige gängige Irrtümer bezüglich der «Machbarkeit» von Beziehungen klären.

Sich einen Wunschpartner basteln

Ich bin vorne bereits auf die Vorstellung eingegangen, eine Beziehung könne bewusst gestaltet werden. Zu einem bewussten Aufbau einer Beziehung kann es nicht kommen, weil bei Beziehungen Liebesgefühle ausschlaggebend sind. Wie alle Gefühle entziehen sich Liebesgefühle bewusster Kontrolle. Niemand kann sie willentlich hervorrufen oder abstellen. Niemand kann beschließen: Diesen oder jenen Menschen werde ich lieben. Dazu ist er auf grünes Licht seitens seiner Gefühlswelt angewiesen. Unabhängig davon gewinnen Partner den Eindruck, sie hätten das, was sie verbindet, quasi absichtlich herbeigeführt. Dieser Eindruck ist sinnvoll und wird gebraucht, damit Partner sich mit ihrer Beziehung identifizieren können. Ansonsten erschiene ihnen die Beziehung zufällig, und dann würde es schwerer fallen, sich dahinterzustellen. Das Ich der Partner stimmt den Gefühlen der Liebe zu und behauptet anschließend großspurig: «*Ich* habe mich verliebt.» Doch gerade dem Ich ist die Liebe passiert, es wollte oder konnte nur nichts dagegen tun. Lassen wir das Ich in seinem Kontrollglauben, und freuen wir uns mit den Partnern darüber, dass eine Liebesbeziehung begonnen hat.

Problematisch wird der Gestaltungsglaube für das Ich erst dann, wenn die Beziehung aus dem Ruder läuft. Dann muss sich der Betreffende nämlich die Frage gefallen lassen, wieso die Beziehung vom Kurs abkommen konnte, wenn er diesen Kurs angeblich gewissenhaft festgelegt hat. Hat er etwas falsch berechnet? Er muss sich «falsch» verhalten haben, sonst liefe ja alles nach Plan. Die Antwort auf diese Frage liegt aus Sicht des Ichs nahe: Nicht ich, sondern der Partner hat sich falsch verhalten! Ohne jeden Zweifel. Sonst wäre ja alles in Ordnung.

Wenn Partner in die Beratung kommen, frage ich jeden Einzelnen, was *sein* Problem sei. Zu 90 Prozent antwortet der Mann, das Problem liege im Verhalten der Frau, während die Frau mit gleicher Häufigkeit meint, das Problem liege im Verhalten des Mannes. Diese Einschätzungen ergeben sich aus der Partner-Perspektive ganz von selbst. Jeder schaut auf den Partner und sieht, dass dieser sich «falsch» verhält, jedenfalls verhält er sich nicht wunschgemäß. Die Lösung erscheint dann zwingend: Der Partner muss sich ändern. Weil der Partner das aber nicht freiwillig tut, wird jetzt an ihm gearbeitet. Nur so scheint die Beziehung wunschgemäß veränderbar, also «gestaltbar» zu sein. Spricht man einen solchen Partner, der sein Gegenüber bearbeitet, auf sein eigenes, ebenfalls unproduktives Verhalten an, erklärt er mit voller Überzeugung, an seinem zugegeben problematischen Verhalten sei der andere schuld. «Ich keife meinen Mann ja bloß an, *weil er* von sich aus nichts sagt», oder: «Ich flüchte ja nur aus dem Haus, *weil sie* mir keine Ruhe lässt.» Man selbst hat beste Absichten und ist lediglich ein Opfer des Partners.

119   *Versuche, Beziehungen zu erhalten*

Als Beispiel für eine solche «Arbeit am Partner» soll eine Frau dienen, nennen wir sie Frau Y. Wir werden ihr in den folgenden Abschnitten noch begegnen. Frau Y beklagt sich über ihren langweiligen Partner, der stundenlang am Computer spielt oder durch das Fernsehprogramm zappt. Sie weiß genau, was mit diesem Mann nicht stimmt. Unternehmen mag er nichts. Draußen ist es ihm zu kalt, zu windig, zu warm oder zu nass. Kultur mag er auch nicht, Tanzen ist ihm ein Gräuel. Ein echter Langweiler, zumindest aus ihrer Sicht. Die Frau arbeitet seit langem an der Veränderung ihres Partners mittels der Werkzeuge Überredung, Kritik und Vorwurf. Was erreicht sie damit? Ihr Partner sträubt sich, gibt widerstrebend nach, macht halbherzig mit oder stellt sich ganz quer. Darin beweist sich in ihren Augen seine Unfähigkeit, was Frau Y zu noch größerer Anstrengung veranlasst. Zufrieden ist die Frau mit den Ergebnissen ihrer Arbeit ganz und gar nicht. Schließlich fängt der Mann seinerseits an, ihr Vorwürfe zu machen. Sie lasse ihn nie in Ruhe, nörgle ständig an ihm herum, sei mit nichts zufrieden. Nun sind die Fronten aufgebaut, und eine Lösung ist nicht in Sicht, sie rückt sogar in die Ferne.

Das ist nicht weiter verwunderlich. Bei solchen Manipulationsversuchen hat jeder nur die eigenen Bedürfnisse und Wünsche im Sinn, und das ist der Haken an der Angelegenheit. Der Blick ist einseitig, auf den anderen bezogen, der für die unerfüllten Wünsche verantwortlich gemacht wird. Wozu hat man schließlich einen Partner? Offenbar, damit er die eigenen Bedürfnisse erfüllt. So fordert jeder: «Es liegt an dir, du musst dich ändern.» Der Partner sieht das genauso, und daher passiert nichts. Lassen diese Forderungen nicht nach, bricht ein Machtkampf aus.

Bei der auf den Partner bezogenen Gestaltungsarbeit wird das Wichtigste übersehen: Der Partner hat gute Gründe für sein Verhalten. Wenn ein Partner keine Lust mehr auf Sex hat, dann ist das nicht zufällig so, es steht eine (unbewusste) Absicht dahinter. Wenn ein Partner gemein zum anderen ist, dann will er damit (unbewusst) etwas bezwecken. Wenn ein Partner den anderen respektlos behandelt, sagt er damit (indirekt) etwas darüber, wie er sich behandelt fühlt. Weil der Betreffende die Hintergründe seines Verhaltens selbst nicht klar genug erkennt, wird er am Verhalten festhalten, bis sie ihm eines Tages klar werden. Bis er irgendwann weiß, wieso er kein Begehren aufbringt, weshalb er so gemein ist oder wieso er keinen Respekt zeigen will. Es nutzt nichts, vom Partner eine Verhaltensänderung zu fordern, wenn dieser sich (unbewusst) absichtlich so verhält. Selbst dann, wenn sich ein Partner dem anderen gegenüber einsichtig zeigt und auf dessen Forderungen eingeht, wenn er sich um Begehren bemüht oder freundlicher oder respektvoller auftritt, muss er dazu die Gründe außer Acht lassen, die seinem Verhalten zugrunde liegen. Er muss sozusagen über Aspekte seiner Persönlichkeit hinweggehen, über seine Lustlosigkeit und seine Gemeinheit, ohne diese Aspekte verstanden und deren Absicht aufgegriffen zu haben. In der Folge nehmen die Spannungen in der Beziehung zu.

Manipulationsversuche, die auf den Partner gerichtet sind, verlaufen selten erfolgreich, und noch seltener lassen sich diese Erfolge auf Dauer erhalten. Die Partner-Perspektive gibt nicht allzu viel her, sie liefert problematische Begriffe wie den der Schuld und fordert die Partner zur gegenseitigen Anpassung auf. Zudem fördert sie die Abhängigkeit der Partner voneinander, weil die eigene Befindlichkeit

121   *Versuche, Beziehungen zu erhalten*

scheinbar vom Partner bestimmt ist. «Mir geht es ja nur so schlecht, *weil du* …» Und: «*Wenn du* … mich lieben würdest, mich begehren würdest, etwas mit mir unternehmen würdest, mich besser behandeln würdest, dann wäre meine Welt in Ordnung.»

Das Problem in einer Beziehung ist aber nur scheinbar der Partner, das eigentliche Problem und die Verantwortung für dessen Lösung liegen immer bei dem, der ein Problem mit seinem Partner hat. Er müsste sich an die eigene Nase fassen und das Verhalten seines Partners als eine Reaktion auf eigenes Verhalten begreifen. Er müsste sich selbst als Teil des Problems sehen, statt vom Partner eine Lösung zu erwarten. Doch zu diesem Aspekt komme ich später noch. Betrachten wir zuerst einen zweiten, etwas fortgeschritteneren Versuch der Beziehungsgestaltung.

Sich gemeinsam eine Wunschbeziehung basteln

Einen Schritt weiter als Partner, die bloß ihr Gegenüber wunschgemäß verändern wollen, gehen Paare, die sich über ihre Wünsche einig sind und die beide Fehler eingestehen. Diese Partner wollen dasselbe und sind bereit, ihr sogenanntes Fehlverhalten zu ändern. Sie sagen beispielsweise: «Es stimmt, wir haben Distanz, wir sollten mehr Nähe aufnehmen», oder: «Es stimmt, wir schlafen nicht miteinander, wir sollten etwas für unser Sexleben tun.» Oder sie sehen, dass ihre Beziehung zerrüttet ist, und jeder gesteht ein, dafür mitverantwortlich zu sein. «Es stimmt», sagt der eine, «ich bin zu oft unterwegs», und der andere gibt zu: «Ich nörgle wirklich viel an dir rum.» Diese Partner haben einen Mangel ausgemacht und nehmen sich vor, diesen gemeinsam abzustellen.

Aus der Partner-Perspektive ist dieser Ansatz nachvollziehbar. Wer glaubt, seine Beziehung durch richtiges Verhalten gestalten zu können und sie durch unabsichtliches Verhalten vernachlässigt zu haben, der glaubt auch, sie durch verändertes Verhalten wunschgemäß beeinflussen zu können. Er braucht sich nur einige Nachlässigkeiten oder Oberflächlichkeiten zuzugestehen und den Vorsatz zu fassen, jetzt alles besser zu machen; und natürlich muss er herausfinden, was er dazu tun soll.

Um das herauszufinden, könnten sich Partner daran erinnern, was sie früher getan haben. In etlichen Beziehungsratgebern heißt es dazu: «Viele Partner vergessen, wie attraktiv sie sich einmal gefunden haben. Erinnern Sie sich daran!» Andere Ratgeber verweisen auf sogenannte funktionierende Beziehungen, bei denen man sich vorbildliches Verhalten abschauen kann. Dort wird beispielsweise festgestellt: «Glückliche Paare äußern Lob und Kritik im Verhältnis 5 : 1.»

In der Praxis kaufen sich die an Beziehungsgestaltung interessierten Paare Bücher mit Titeln wie *Tausend Wege, sie/ihn verrückt zu machen* oder *Die 10 Geheimnisse einer glücklichen Beziehung*. Sie besuchen Seminare zur Verbesserung der Kommunikation oder erlernen die Kunst des Vergebens. Sie bemühen sich, Spontaneität oder Humor zu trainieren, damit sie wieder etwas zu lachen haben. Sie greifen angeblich bewährte Ratschläge auf, verführen sich vor dem Kamin oder versuchen in teils endlosen Gesprächen, auf einen Nenner zu kommen. Sie strengen sich an, gemeinsame Lebensbereiche zu erschließen, damit sie ihre Freizeit

123   *Versuche, Beziehungen zu erhalten*

miteinander verbringen können. Ich will nicht behaupten, dass derartige Bemühungen völlig vergebens sind. Ich bezweifle aber, dass sich eine Beziehung auf solche Weise in die gewünschte Richtung lenken lässt.

Partner, die gemeinsam an ihrer Wunschbeziehung arbeiten, suchen die Schuld nicht beim anderen, sondern bei *beiden*. Sie schielen mit einem Auge auf den Partner, und mit dem anderen Auge schielen sie auf sich selbst. Damit gehen sie zwar einen Schritt weiter als die Partner, die bloß ihr Gegenüber verändern wollen. Aber sie verlassen die Partner-Perspektive nicht, sie erweitern diese lediglich. Die Zusammenhänge, die zu dem scheinbar falschen Verhalten, zu dem Streit oder der Distanz, zu der Stille im Bett oder den Machtkämpfen führen, werden wiederum großteils außer Acht gelassen. Daher sind auch diese gemeinsamen Manipulationsversuche meist nicht vom gewünschten Erfolg gekrönt.

Erweitern wir das Beispiel von Frau Y um diese Variante. Dann langweilt sich nicht nur Frau Y in der Beziehung, sondern auch ihr Mann. Sie reflektieren ihr Verhalten und erklären beide, nicht genug Zeit mit dem Partner zu verbringen. Frau Y schlägt nun gemeinsame Wanderungen durch die Bergwelt vor, Herr Y aber möchte möglichst oft Motorrad fahren. Da beide hoffen, die Beziehung zu beleben, indem sie aufeinander zugehen, einigen sie sich darauf, mit dem Motorrad zum Wandern zu fahren. Geteiltes Leid ist halbes Leid, könnte man meinen, aber es kommt anders. Es ist schwer, auf dem Motorrad glücklich zu sein, wenn eine ungeduldige Frau auf dem Rücksitz mitfährt, und für die Frau ist es schwer, eine Wanderung zu genießen, wenn der Begleiter ständig auf die Uhr schaut. Ob die beiden auf diese

Weise die gewünschte Lebendigkeit miteinander gestalten können? Zweifel sind angebracht.

Die Botschaft solcher gemeinsamen Gestaltungsansätze lautet oft: «Komm, lass uns von vorne anfangen.» Diese Haltung ignoriert, dass inzwischen Veränderungen stattgefunden haben, und so wird auf diese Veränderungen nicht oder nicht ausreichend eingegangen. Stattdessen wird ein Kompromiss gefordert. Dieser kann die stattgefundenen Veränderungen bestenfalls eine Weile ignorieren. Die Partner reißen sich zusammen und tun ihr Bestes, dann beginnen die Probleme von vorne.

Das ist wenig verwunderlich. Denn so einer auf Wunschdenken und auf Absichten basierenden Art der Beziehungsgestaltung liegt ein mechanisches Denken zugrunde. Ein Denken nach dem Motto: «Wer sich liebt, schenkt sich Blumen», und daher gilt: «Wenn Sie wollen, dass Ihr Partner Sie liebt, dann schenken Sie ihm Blumen.» Dieses mechanische Denken zeigen auch manche Paarberater, indem sie beispielsweise Paaren, die über zu viel Distanz klagen, empfehlen, aufeinander zuzugehen, schöne Abende zu gestalten, sich die eine oder andere Freude zu erfüllen etc.

Damit sind wir beim Übergang von den selbst eingeleiteten Gestaltungsversuchen der Partner zu den professionell begleiteten Manipulationsversuchen einer Beziehung. Betrachten wir, zu welchen Ratschlägen Paarberater oder Psychologen durch die Partner-Perspektive verleitet werden.

125 *Versuche, Beziehungen zu erhalten*

Verbreitete Irrtümer der
Beziehungsgestaltung

Wenn man sich die Beziehungsratgeber-Literatur der letzten Jahrzehnte ansieht, fällt auf, dass der beschriebene Gestaltungsansatz auch bei vielen Beratern und Therapeuten zu finden ist. Die Meinung, man müsse und könne in Beziehungen alles richtig machen, ist auch im professionellen Umfeld verbreitet. Deshalb gibt es jede Menge Tipps hierzu. Die Medien und Zeitschriften tragen ihren Teil dazu bei. Es ist also wenig verwunderlich, dass die meisten Partner glauben, solche Ratschläge ließen sich mit etwas Bemühen auch in ihrer Beziehung umsetzen. Nach dem Motto: «Wer sich richtig verhält, dem bleibt die Liebe erhalten.» Gemeint ist natürlich die Liebe in allen drei Bereichen – die freundschaftliche, die partnerschaftliche und die leidenschaftliche Liebe –, also eine echte Kleinigkeit, die mit Tipps zu handhaben ist.

Wenn ich nun gängige Irrtümer dieser Beziehungsgestaltung zusammenfasse, mache ich das nicht in der Absicht, diese Ratschläge als vollends nutzlos darzustellen. Ich möchte aber dazu anregen, solche «Liebesanweisungen» mit Vorsicht zu genießen und sich nicht die Schuld zu geben, wenn eine derartige Beziehungsgestaltung nicht wunschgemäß funktioniert.

Der Ratschlag, sich gemeinsame Lebensbereiche und Interessen zu «schaffen». In diesem Ratschlag werden quasi zwei Liebesformen zusammengefasst. Allerdings besteht ein Unterschied zwischen Lebensbereichen und Interessen. Gemeinsame Lebensbereiche geben der partnerschaftlichen Liebe einen Rahmen. Diese findet in der Familie statt oder in einem gemeinsamen Beruf oder in anderen gemeinsamen Vorhaben, die künstlerischer oder wissenschaftlicher Art sein können. Geteilte Interessen hingegen bilden den Rahmen für die freundschaftliche Liebe. Diese wird gelebt, indem die Partner etwas miteinander unternehmen und sich gegenseitig anregen und bestätigen. Sie reisen, sie gehen Hobbys nach, sie tauschen sich aus und tun sich Gutes.

Natürlich ist es schön, wenn Partner Lebensbereiche *und* Interessen miteinander teilen, auch wenn das nicht immer selbstverständlich ist. Wenn es sich aber so verhält, wie sind die Partner zu diesen glücklichen Umständen gekommen? Haben sie zuerst gemeinsame Projekte und Interessen entworfen und sich dann entschieden, einander zu lieben? Haben sie sich zuerst gegenseitig nach Gemeinsamkeiten abgefragt, haben sie Listen geführt und den Partner aufgrund seiner diesbezüglichen Tauglichkeit ausgesucht? Nein, sie haben sich arglos zu lieben begonnen und währenddessen Gemeinsamkeiten *entdeckt*. Sie haben beispielsweise entdeckt, dass beide eine Familie wollen, dass beide bestimmte geistige Interessen, Meinungen und Ansichten teilen oder den gleichen Freizeitinteressen nachgehen.

Beim allmählichen Zusammenkommen haben sie zudem mehr die Gemeinsamkeiten als die Unterschiede betont, eben weil sie näher zusammenrücken wollten. Sie haben gemeinsame Wanderungen unternommen oder Sport getrieben, aber das Schönste daran waren weder Sport noch Wanderungen, sondern die Annährung, die auf diese Weise stattfand, und das Zusammensein. Nun aber leben sie schon eine Weile miteinander und fühlen sich ihrer Beziehung sicher. Es gibt daher keinen Grund mehr, jedes Spiel mitzuspielen und sich dauerhaft auf den Partner auszurichten. Stattdessen werden nach und nach die Unterschiede betont, und das ist auch nötig, damit jeder zu seinem Recht kommen kann. Zu seinem Recht kommt auf Dauer, wer so akzeptiert wird, wie er ist, also auch mit seinen vom Partner abweichenden Vorstellungen und Interessen. Daher können in bestehenden Beziehungen gemeinsame Lebensbereiche auslaufen oder im Extremfall wegbrechen, und gemeinsame Interessen können einschlafen.

Wieso sollten Partner jetzt in der Lage sein, sich *neue* Gemeinsamkeiten zu «schaffen»? Sie konnten zu Beginn der Beziehung nicht festlegen, wo sie Übereinstimmungen finden werden, und sie können das im Verlauf der Beziehung auch nicht tun. Sie können nichts anderes machen als das, was sie damals taten: Sie können nach Gemeinsamkeiten *suchen*. Wenn sich aber nur wenige solcher Gemeinsamkeiten finden, dann haben sie nichts falsch gemacht, dann kommen sie schlicht nicht wunschgemäß zusammen. Selbst der beste Wille nutzt wenig, wenn die Gefühle nicht mitspielen. Der Gestaltungs-Ratschlag «Entwickelt gemeinsame Vorhaben und Projekte, kultiviert gemeinsame Interessen» taugt also nur bedingt.

Der Ratschlag, sich füreinander interessant zu «machen». Dieser Ratschlag zielt auf die leidenschaftliche Liebe ab. Die leidenschaftliche Liebe gründet neben der Sexualität zu einem guten Teil auf der emotionalen Faszination am Wesen des Partners. Jeder Partner hat eine andersartige Psyche. Man liebt am anderen seine Zartheit, seine Entschlossenheit, seine Bodenständigkeit, seine Verrücktheit, seinen

Humor, seine Ernsthaftigkeit, seine Einfühlsamkeit oder etwas anderes. Was ist so faszinierend daran? Meist handelt es sich um Eigenarten, die man an sich selbst vermisst, zumindest in dieser starken Ausprägung. In der emotionalen Nähe zum Partner hat man nun Kontakt damit und fühlt sich anfangs vervollständigt. Dann sagt eine Frau vielleicht: «Er ist so bodenständig, er weiß immer genau, was er will, ich finde das toll.» Und der Mann sagt: «Sie ist so locker und fröhlich, ich finde das toll.»

Nun leben die Partner eine Weile zusammen, und nach und nach stellt sich heraus, dass die Eigenarten des Partners nicht nur positive, sondern auch negative Auswirkungen haben. Dann regt sich die Frau auf: «Anfangs fand ich seine Direktheit toll, aber jetzt geht er mir auf die Nerven mit seinen ständigen Vorschriften.» Der Mann wiederum empört sich: «Anfangs fand ich ihre Lockerheit toll, aber jetzt geht es mir furchtbar auf die Nerven, dass sie alles mir überlässt.» Jeder stellt dann mit Recht fest: «Mittlerweile bekomme ich Vorwürfe für genau das, was er/sie am Anfang so toll fand.»

An solchen Punkten beginnen Auseinandersetzungen, die man als Konflikte zwischen Persönlichkeitsaspekten sehen kann. Die Partner lernen auf diese vertrackte, konfliktreiche Weise voneinander. Die lockere Frau wird nach und nach willensstärker, der willenstarke Mann wird nach und nach lockerer. Jeder Einzelne profitiert von dieser Entwicklung, nicht aber unbedingt die Beziehung. Ihr fehlt irgendwann womöglich ein Teil der Spannung, die sie anfangs so lebendig machte. Die Faszination der Wesenzüge des Partners lässt nach, je mehr sie voneinander abgeschaut werden; und das ist in Langzeitbeziehungen eigentlich immer der Fall. Die Unterschiede gleichen sich aus, und damit ist der

Partner weniger faszinierend. Partner, die lange zusammen sind, werden sich ähnlicher und damit berechenbarer und langweiliger füreinander. Dann klagen sie, wenig Intensität und nichts Neues miteinander zu erleben.

Hier setzt die Empfehlung «Bleibt interessant füreinander» oder «Macht euch wieder interessant füreinander» an. Aber wie sollen Partner das tun? Sollen sie ihre Psyche willentlich verändern, sich quasi per Entschluss einen anderen Charakter zulegen? Jeder ist, wie er ist, und hat keine Handhabe über sich. Niemand kann sich der Beziehung zuliebe in einen anderen Menschen verwandeln.

Früher, als Eheleute rein partnerschaftlich zusammenlebten, war das etwas anderes, da blieb ein Teil der Spannung, die sich aus rollenspezifisch geformten Persönlichkeiten ergab, erhalten. Da hielten die Partner emotional Abstand zueinander und vermieden Auseinandersetzungen über das Wesen des Partners. Weder über Willensstärke noch über Lockerheit wurde gestritten. Da war und blieb der bodenständige Mann ein bodenständiger Mann, der seine Eigenart im männlichen Freundeskreis sogar festigte. Und die lockere Frau blieb eine lockere Frau, die im Kreis ihrer Freundinnen dafür bestätigt wurde. Nur halten Partner heute einen derartigen emotionalen Abstand nicht mehr durch. Sie wollen nämlich nicht bloß Lebenspartner füreinander sein, sie sind im Gegenteil gerade aus emotionalen Gründen zusammen.

Deshalb kann es durchaus geschehen, dass Partner auf Dauer weniger am Wesen des anderen interessiert sind und daran wenig ändern können. Insofern ist auch der Gestaltungs-Ratschlag «Bleibt interessant füreinander» mit Vorsicht zu genießen.

Der Ratschlag, sich Geschenke zu machen, um die Liebe «zu erhalten». Diesem Ratschlag begegnet man an allen Ecken und Enden. Das ist verständlich, weil man oft Partner sieht, die sich Geschenke machen. Es muss ja nicht der Diamant von Tiffany sein oder die Rolex. Auch kleine Geschenke und Aufmerksamkeiten können Liebe ausdrücken, wobei es gleichgültig ist, ob es sich dabei um freundschaftliche, partnerschaftliche oder leidenschaftliche Liebe handelt.

Allerdings dienen gegenständliche Geschenke und andere Aufmerksamkeiten eben dem *Ausdruck* von Liebe. Um ihre Wirkung zu entfalten, muss Liebe vorhanden sein. Erzeugen kann ein Geschenk die Liebe nicht, und erhalten lässt sie sich durch Geschenke ebenfalls nicht. Blumen, die aus Pflicht und zu Pflichtterminen geschenkt werden, die unvermeidliche Krawatte und andere turnusgemäße Aufmerksamkeiten können weder Liebe bewahren noch die Themen übertünchen, die für deren eventuellen Rückzug verantwortlich sind.

Sicherlich pflegen Partner bestimmte Rituale miteinander. Dazu kann auch der Blumenstrauß am Geburtstag oder das Festessen am Hochzeitstag gehören. Rituale können aber auch entleert sein. Entleert wovon? Von den Gefühlen der Verbundenheit. Partner haben ein feines Gespür dafür, ob ein Geschenk dem Schenkenden selbst Freude macht. Freudlos überreichte Geschenke landen nicht selten in der Abstellkammer oder im Papierkorb. Auf jeden Fall rufen sie nicht hervor, was damit beabsichtigt ist, sie können im Gegenteil enttäuschen und verärgern.

Das größte Geschenk, das sich Partner machen können, ist die Liebe selbst. Alle anderen Geschenke entfalten nur vor

Versuche, Beziehungen zu erhalten

diesem Hintergrund ihre Wirkung. So ist auch dieser Gestaltungs-Ratschlag kaum zu gebrauchen, um die Liebe zu erhalten, und schon gar nicht, wenn die Liebe in Gefahr ist.

Der Ratschlag, über alles miteinander zu sprechen. Dieser Anforderung liegt die Vorstellung zugrunde, Partner sollten möglichst viel voneinander wissen, sie sollten gewissermaßen eine geistige und emotionale Einheit bilden. Die Sehnsucht, miteinander eins zu sein, ist sicherlich die größte Sehnsucht der Partner. Allerdings wird diese Sehnsucht niemals erfüllt werden. So schmerzlich das auch sein mag, Partner werden niemals miteinander verschmelzen, und ihre Liebe ist endlich. Sie endet spätestens mit dem Tod eines Partners.

Es ist auch gar nicht nötig, dass tatsächliche Einheit miteinander entsteht. Viel wichtiger ist der ab und zu entstehende *Eindruck des Einsseins*. Dieser Eindruck lebt paradoxerweise nicht davon, dass alles miteinander geteilt wird, sondern gerade vom Gegenteil. Es darf nicht alles mitgeteilt werden, es darf nicht jede Unterschiedlichkeit thematisiert werden, es darf nicht über alles gesprochen werden. Je ausführlicher die verbale Kommunikation wird, desto größer wird die Gefahr, dass Unterschiede und nicht Gemeinsamkeiten betont werden. Damit würde der Eindruck der Übereinstimmung gestört und das Gefühl des Einsseins zerstört. Deshalb hören Partner an bestimmten Punkten auf, sich über Ansichten, Meinungen, Lebenseinstellungen einigen zu wollen. Sie lassen «fünf gerade» sein und akzeptieren einander. Widersprüche werden dabei nicht betont, sondern nicht weiter beachtet und dadurch stillgestellt.

Miteinander zu reden ist sicherlich sinnvoll, aber nur bis

zu dem Punkt, an dem sich das Gefühl des Verständnisses einstellt. Dabei sollten die Partner es bewenden lassen. Es kommt nicht darauf an, dass die Partner alles mitteilen und viel miteinander reden, sondern es kommt darauf an, wie sie miteinander reden. In Richtung Differenz oder in Richtung Übereinstimmung.

Um Übereinstimmung zu suchen und fünf gerade sein zu lassen, muss eine Voraussetzung erfüllt sein: Es muss Liebe oder Liebesbereitschaft vorhanden sein. Die Liebe lässt sich nämlich auch mit bestem Willen nicht herbeireden, man kann sie aber durchaus wegreden. Sie lässt sich durch den Versuch vertreiben, Unterschiede auszuräumen, um die Illusion der Einheit zu erzeugen. Niemand lässt sich sein Wesen verbiegen und liebt den anderen noch dafür. Deshalb ist es besser, dem Partner Geheimnisse zu lassen. Wenn man tatsächlich alles vom Partner wüsste, wenn man seine Gefühle fühlen und seine Gedanken lesen könnte, gäbe es keine Chance für die Liebe. Dann wäre mancher entsetzt darüber, was im anderen vorgeht, und das Weite suchen.

Liebespartner müssen Geheimnisse voreinander haben, die sie besser für sich behalten, dann bleiben sie fremd und interessant genug füreinander. Der Gestaltungs-Ratschlag, über alles miteinander zu reden, kann sich demnach als schlechter Tipp erweisen.

Der Ratschlag, sich mehr Zeit füreinander zu nehmen. Die Zeitknappheit, die das moderne Leben mit sich bringt, wird in vielen Beratungsansätzen als eine Art Liebesräuber dargestellt. Doch macht es die Liebe tatsächlich nötig, dass Partner viel Zeit miteinander verbringen?

Vor kurzem machten interessante Untersuchungsergebnisse die Runde. Es ging um die Frage, ob Kinder sich mehr geliebt fühlen, je mehr Zeit die Eltern mit ihnen verbringen. Das eindeutige Ergebnis dieser Untersuchung war, dass es keinen Zusammenhang zwischen Liebesempfinden und Zeitaufwand gibt. Es gibt aber einen Zusammenhang zwischen dem Liebesempfinden und der Qualität der miteinander verbrachten Zeit. Auch Kinder, die täglich nur eine halbe Stunde mit ihren Eltern verbringen, fühlen sich geliebt, wenn diese halbe Stunde schön für sie ist und wenn dann tatsächlich Beziehung, also Begegnung, stattfindet.

Diese Erkenntnis lässt sich auf Paare übertragen. Es kommt auf die Qualität der Beziehung an, nicht auf die täglich miteinander verbrachten Stunden. Hier liegt ein Grund dafür, warum Partner oft wenig Zeit miteinander verbringen. Das ist nämlich nicht zufällig so. Sie wollen Zwängen, Langeweile oder Konflikten ausweichen. Mehr Zeit füreinander aufzubringen verändert nichts, wenn man darin nichts Gutes miteinander anzufangen weiß. Zuerst müsste sich mit der Qualität der Begegnung befasst werden, dann mag die Lust entstehen, mehr Zeit miteinander zu verbringen. Aber vielleicht ist das dann nicht einmal mehr nötig, weil die Gefühle füreinander bessere sind und die bisher knappe Zeit nun reichlich und ausgefüllt erscheint.

Wenig Zeit füreinander zu haben kann sich trotz aller Klagen auch positiv auswirken. Es schafft Abstand. Von dort aus kann es schön für Partner sein, zu spüren, dass sie sich vermissen und nacheinander sehnen. Wenn Partner ein Zeitkonto führen würden (vielleicht tun sie das ja unbewusst), dann wäre etwas zu wenig Zeit füreinander sicher besser als etwas zu viel Zeit füreinander, der Sehnsucht und der Freude des Zusammenkommens wegen.

Hinter der Klage über die Zeitknappheit muss zudem nicht unbedingt die Sehnsucht nach dem Partner stehen. Sich nach etwas zu sehnen, beispielsweise nach Zärtlichkeit, bedeutet ja nicht unbedingt, dass man diese Zärtlichkeit mit dem Partner erleben will. Wenn der Partner dann da ist, entsteht oft keine Nähe, sondern die Distanz zu ihm wird spürbarer und damit die eigene Frustration, für die der Partner dann wiederum verantwortlich gemacht wird.

So ist der Gestaltungs-Ratschlag, mehr Zeit füreinander aufzubringen, ziemlich nutzlos, wenn die Sehnsucht nach dem Partner nicht vorhanden ist. Wenn diese Sehnsucht aber da ist, dann braucht es diesen Ratschlag nicht.

Der Ratschlag, eine gute Sexualität miteinander zu pflegen. Für immer leidenschaftliche Sexualität mit dem Partner zu haben entspricht den Wunschträumen vieler junger Menschen. Auch von fast sämtlichen Paarberatern oder -therapeuten wird heute die Bedeutung der Sexualität für eine Paarbeziehung hervorgehoben. Angeblich brauchen Partner die Sexualität, um sich ihre Zusammengehörigkeit zu beweisen. Wenn sie also wenig oder keinen Sex miteinander hätten, ginge ihnen das Gefühl der Zusammengehörigkeit verloren und die Beziehung geriete in Gefahr. Ich habe diese Behauptung nie begriffen.

Eine Umfrage der Maximilians-Universität München unter Langzeitpaaren kommt zu gegenteiligen Ergebnissen. Danach spielen sexuelle und leidenschaftliche Bindungsmotive gegenüber den partnerschaftlichen und freundschaftlichen Motiven gerade in echten Langzeitbeziehungen kaum eine Rolle. Nur 4 Prozent der 680 befragten Paare, die bis zu 27 Jahre zusammenlebten, hielten Sexualität für ihre Beziehung für wichtig. Bei ihnen stehen Vertrauen und Freundschaft sowie Partnerschaftlichkeit und Verlässlichkeit ganz oben auf der Liste der wichtigsten Dinge. Wie kann es sein, dass Theoretiker (Psychologen) zu gegenteiligen Beurteilungen kommen als Praktiker (die Partner selbst)? Wahrscheinlich, weil auch Psychologen Gefahr laufen, ihre Überzeugungen mit der Wirklichkeit verwechseln.

Vor kurzem las ich in einer Zeitschrift eine Variante dieser Experten-Meinung. Da meinte ein Professor, die Lust werde überschätzt, nicht aber die Sexualität. Sexualität sei zentral, nur müsse diese nicht unbedingt von Leidenschaft und starkem Begehren getragen sein. Auch diese Meinung kann ich so nicht nachvollziehen. Wer mit Kuschelsex zufrieden ist, dem sei das ohne jede Einschränkung gegönnt. Die meisten Klagen von Paaren betreffen aber gerade die fehlende Leidenschaft und das mangelnde Begehren. Offenbar wollen Partner sich in der Sexualität nicht bloß ihrer Zusammengehörigkeit vergewissern, sondern aus sich selbst herauskommen. Sie wollen sich in Leidenschaft selbst vergessen, sie wollen vor Begehren vergehen, sie wollen der sexuellen Begegnung entgegenfiebern und darin erzittern. Wozu das? Um ganz und gar sinnlich zu werden, um aus dem Kopf zu kommen, um im Augenblick anzukommen. Dazu ist eine intensive erotische Begegnung besonders geeignet.

Diese Art von leidenschaftlicher Sexualität hat wenig mit Bedürfnisbefriedigung des Einzelnen oder mit bloßem Spannungsabbau gemein. Einen Orgasmus kann man sich auch selbst verschaffen. Doch nur in der Begegnung entsteht die Gefahr, welche die gesuchte Lebendigkeit hervorbringt. Welche Gefahr? Die Gefahr, abgewiesen zu werden, wenn man zu seiner Lust steht, die Spannung, wenn unterschiedliche Begierden aufeinandertreffen, die Lebendigkeit, wenn Leidenschaften zusammenkommen.

Wenn die meisten Partner mit der leidenschaftlichen Liebe beginnen und auf Dauer zu einer freundschaftlich-partnerschaftlichen Verbindung gelangen, dann machen sie nichts falsch. Sie richten sich einfach nach den wichtigsten ihrer Bedürfnisse, den partnerschaftlichen und freundschaftlichen, von denen die Paare in der oben zitierten Umfrage erzählen. Wer dennoch die sexuelle Leidenschaft mit dem Partner sucht, der wird auf deren Bedingungen eingehen müssen. Dazu gehört Distanz, gleich ob diese räumlich oder psychisch ist. Wenn der Partner weit genug weg ist (räumliche Distanz) oder fremd genug bleibt (psychische Distanz), hat die Leidenschaft meist ein Motiv, die Partner zueinanderzurufen.

Es kommt also alles auf die Prioritäten der Partner an. Sexualität um ihrer angeblichen Bedeutung für die Beziehung zu suchen, wie es dieser Gestaltungs-Ratschlag nahelegt, bringt nur unnötigen Stress.

Der Ratschlag, echte Nähe und wahre Liebe zuzulassen. Unter dem Abschnitt «Formen der Liebe» habe ich das Wort Liebe als Sammelbegriff für drei unterschiedliche Bindungsformen dargestellt. Diese können, müssen aber nicht alle in einer Beziehung vorkommen. Wie soll man unter diesen Umständen von «wahrer» oder «echter» Liebe sprechen? Das ist wohl eine Frage der jeweiligen gesellschaftlichen Präferenzen und nicht die einer nur scheinbar objektiven Beurteilung, wie sie durch die Attribute «wahr» und «echt» vorgetäuscht wird.

Für Griechen und Römer war die wahre Liebe außerhalb

der Ehe in der Beziehung zur Geliebten angesiedelt. Christen wollten die wahre Liebe in der Ehe finden, allerdings von erotischem Begehren und sexueller Leidenschaft gereinigt. Romantiker hielten die Vereinigung der Psychen für wahre Liebe. Heute wird vor allem die Lebenspartnerschaft mit diesem Prädikat geschmückt. Woran soll man sich halten? Am besten an sich selbst. In Zeiten, da Beziehungsvielfalt herrscht und da Beziehungen den persönlichen Bedürfnissen angepasst werden, sollte jeder selbst entscheiden, was wahre Liebe und echte Nähe für ihn ist.

Psychologen unterscheiden verschiedene Bindungsstile, die in Abhängigkeit von den jeweiligen Lebensumständen der Kindheit entstehen. Sie unterscheiden beispielsweise einen unsicheren von einem sicheren Bindungsstil. Daran braucht man nicht zu rütteln. Aber wie verändert jemand, der beispielsweise einen sogenannten «unsicheren» Bindungsstil hat, diesen? Kann er sich einfach für einen anderen Bindungsstil entscheiden? Das muss ganz klar verneint werden. Es braucht viele Jahre Lebenserfahrung und vor allem die Unterstützung intensiver Lebenskrisen, um sein Bindungsverhalten zu verändern, ohne dass es jemals zu einer völligen Umkehr des Bindungsverhaltens kommen könnte. Dann mag sich im Laufe eines Lebens die Bindungsbereitschaft erhöhen, oder eine zu hohe Bindungssehnsucht mag durch mehr Unabhängigkeit relativiert werden.

Was soll die Aufforderung zu wahrer Liebe unter diesen Umständen bringen? Jeder braucht sein eigenes Maß an Abstand, um sich auf Nähe einlassen zu können, und dieses Maß mag sich im Laufe des Lebens in die eine oder andere Richtung verändern. Es gibt nicht die eine, richtige Art zu lieben, sondern es gibt zahllose unterschiedliche Arten, sich einzulassen. Jeder lässt sich am besten nur so weit ein, wie er seine Autonomie behaupten kann. Dabei ist es gleichgültig, ob er dafür psychischen oder räumlichen Abstand zum Partner halten muss; oder ob er mehr die partnerschaftliche, die freundschaftliche oder die emotional/leidenschaftliche Liebe bevorzugt.

Jeder liebt, so gut er kann, und nicht nach Lehrbuch. Worte wie «echte Nähe» oder «wahre Liebe» weisen darauf hin, dass der Beurteilte in ein Beziehungskonzept eingeordnet wird. Das ist nur sinnvoll, wenn es für den Betreffenden selbst Sinn ergibt, wenn es seine eigene Sehnsucht anspricht. Als Verallgemeinerung taugt der Ratschlag nicht und ist daher ebenfalls mit Vorsicht zu genießen.

Der Ratschlag, sich selbst zu lieben. Die Vorstellung, man müsse erst sich selbst lieben, bevor man den Partner lieben könne, ist recht verbreitet und dennoch ziemlich absurd. Danach dürften die meisten Paare erst im fortgeschrittenen Alter zusammenkommen, ab 50 oder später. Dann nämlich, wenn die Selbstzweifel nachlassen und mehr Selbstakzeptanz als je zuvor entstanden ist.

Im Gegensatz zu dieser Aussage gilt vielmehr, dass eine Beziehung ein guter Ort ist, sich kennen- und lieben zu lernen. Was lernt man darin kennen? Seine Reaktionen auf gegebene oder verweigerte Liebe und damit auch die eigene Abhängigkeit. Wer sich an den Partner anpasst, um dessen Liebe zu erhalten, fühlt sich irgendwann nur noch liebenswert, wenn der Partner sich ihm zuwendet. Gegen diese Selbstaufgabe wehrt sich jeder einigermaßen psychisch intakte Mensch ganz von selbst, wenn er bemerkt, dass er seine Selbstachtung verliert. Bei dieser Erkenntnis hilft ihm

139 *Versuche, Beziehungen zu erhalten*

auch die abnehmende Achtung des Partners, der ein gleichwertiges Gegenüber vermisst und seinen Partner angreift. Aus solchen durch Abhängigkeit hervorgerufenen Konflikten werden die Partner letztlich gestärkt hervorgehen, weil es Wichtigeres als Liebe gibt: die eigene Würde beispielsweise.

So ist die Beziehung ein Ort voller Herausforderungen, in dem jeder Partner durch Konflikte und Auseinandersetzungen aufgefordert ist, zu sich zu stehen und selbstbewusst zu werden. Selbstbewusstsein bedeutet, sich selbst unabhängig von der Zustimmung des Partners zu bestätigen. «Ich bin so, ob es dir gefällt oder nicht, und ich stehe zu mir, gleich wie du reagierst!» Wo anders als in Beziehungen soll man das tun können?

Der Ratschlag, erst sich selbst zu lieben und dadurch beziehungsfähig zu werden, geht an der Wirklichkeit vorbei. Völlig absurd ist die noch weitergehende Empfehlung: «Liebe dich selbst, und es ist egal, mit wem du zusammen bist.» Warum sollte das egal sein? Man kann zu sich stehen, aber das bedeutet nicht, dafür auf jeden Fall geliebt zu werden. Der Partner kann ebenso sagen: «Ich sehe, wie du bist, aber es gefällt mir nicht.» Warum sollte man mit einem Partner zusammen sein, dem man nicht zusagt?

Der Ratschlag, den Partner bedingungslos und ganz und gar zu lieben. Der Ratschlag geht, wie die übrigen Ratschläge, ein gutes Stück an der Wirklichkeit vorbei. Mir ist noch kein Partner begegnet, der bedingungslos liebt. Zumindest möchte man doch, dass der Partner sich ab und an in ein Gespräch verwickeln lässt oder in anderer Weise zu Kontakt bereit ist. Man möchte von ihm weder geschlagen noch verhöhnt werden. Respekt ist also eine Grundbedingung, neben einigen anderen «Kleinigkeiten» wie eine gewisse Konfliktbereitschaft und eine minimale Verlässlichkeit. Und natürlich ist die Liebe selbst eine Bedingung. Wer mich nicht liebt, mit dem brauche ich keine Paarbeziehung.

Selbstverständlich veredelt die Vorstellung, man liebe bedingungslos und werde bedingungslos geliebt, die Partner. Den Satz «Ich liebe dich mit allem, egal was du tust und bist» hört man sicher gern. Es ist auch kein Problem, den Partner «ganz» und «völlig» zu lieben – in den Momenten, in denen das Gefühl der Liebe das Bewusstsein gänzlich ausfüllt. Doch es ist ebenso normal, das Trennende zum Partner wahrzunehmen.

Situationen dafür ergeben sich früher oder später von selbst. Man kennt sich und den anderen nur aus gewohnten Situationen. Wenn dann etwas Ungewohntes passiert, lernt man den Partner auf eine andere Weise kennen. Ob man ihn für sein dann gezeigtes Verhalten und seine Eigenarten auch noch liebt? Wer kennt seinen Partner beispielsweise nach einem Seitensprung? Wird er voller Reue sein oder sich erstmals trauen, die Beziehung in Frage zu stellen? Wer kennt seinen Partner in einer schweren Krankheit? Wird er sich gehen lassen oder sein Bestes zur Bewältigung der schwierigen Lage tun? Wer weiß, wie sein Partner sich in Krisensituationen verhält, beispielsweise in einer lang anhaltenden Arbeitslosigkeit oder nach einem geschäftlichen Konkurs? Oder was wird sich der Partner erlauben, wenn er eine große Erbschaft macht?

In solchen außergewöhnlichen Situationen hört man oftmals erstaunte Äußerungen wie: «Ich erkenne dich gar nicht wieder!», oder: «Das ist nicht der Partner, mit dem ich

15 Jahre zusammen war!» Wer sich seines Partners sicher bleiben will, muss sicherstellen, dass das Leben keine Überraschungen bereithält. Wie sollte er das tun? Besser, als sich den Partner in rosa Watte einzupacken, ist es, die Gemeinsamkeiten und die Unterschiede im Auge zu haben und jedes zu seiner Zeit zu genießen. Und wie sollte man die Achtung des Partners wahren, wenn man keine Bedingungen an das Zusammensein stellt? So lässt sich auch mit dem Gestaltungs-Ratschlag der bedingungslosen Ganzliebe im praktischen Leben wenig anfangen.

Mangelbeseitigung und Problemleugnung

Nun habe ich einige verbreitete Gestaltungs-Ratschläge auf ihre Umsetzbarkeit hin betrachtet und etwas Skepsis verbreitet. Zudem habe ich gezeigt, wie begrenzt Bemühungen sein können, entweder das Verhalten des Gegenübers zu verändern oder in beiderseitigem Einverständnis Verhaltensänderungen so herbeizuführen, dass die Beziehung sich den Partnerwünschen fügt.

> Allen diesen Bemühungen ist gemeinsam, einen empfundenen Mangel durch angeblich richtiges, förderliches Verhalten beseitigen zu wollen.

Der Ansatz der Mangelbeseitigung fordert, eine Beziehung auf die eigenen Wünsche hin auszurichten. Auch wenn das aus der Partner-Perspektive logisch erscheint, ist es so kaum möglich. Deshalb können zwei mehr Zeit miteinander verbringen, ohne dadurch mehr Nähe zu erleben. Deshalb können zwei ihren Sex mittels Viagra, mechanischer Stimulansmittel oder erotischer Tricks anheizen, ohne dadurch mehr Intimität zu erleben. Deshalb können sie endlos miteinander sprechen, ohne so zusammenzufinden.

Die Uhr lässt sich eben nicht zurückdrehen. Partner können Interesse aneinander nicht herstellen, es muss da sein. Sie können ihr Begehren nur wecken, wenn es schläft und nicht erstorben ist. Sie können kein gemeinsames Lebensprojekt wählen, wenn sie verschiedene Lebensentwürfe und Interessen verfolgen. Sie können sich nicht lieben, wenn sie sich gleichgültig geworden sind. Sie können sich nicht näherkommen, wenn sie Distanz suchen.

Was ist falsch an der manipulativen Vorgehensweise? Sie ignoriert das Problem und sucht nach Lösungen. So wird die im Problem versteckte Lösung nicht zur Bewältigung der Schwierigkeiten genutzt. Es entstehen aufgesetzte Lösungen, in denen die Partner sich teilweise verleugnen müssen. Jeder soll dem Partner zuliebe zurückstecken. Die Erfahrung zeigt allerdings, dass Partner nur dann auf Dauer in einer Beziehung bleiben wollen, wenn sie darin als Person unterkommen. Gelingt das nicht, torpedieren sie die Beziehung, unbewusst und unabsichtlich zwar, aber dennoch sehr wirkungsvoll.

Beziehungen zeigen einen Widerstand
gegen ihre zielgerichtete Veränderung

Gegenüber zielgerichteten Lösungsversuchen erweisen sich Beziehungen als erstaunlich resistent. Das kann nicht anders sein, weil in diesen Lösungsversuchen das Unbewusste der Partner zu großen Teilen außer Acht gelassen wird. Dort jedoch hat sich ein Teil der Persönlichkeit darangemacht, ein Problem zu produzieren. Dort sagt jemand: «Ich spiele nicht mehr mit», während das Ich sagt: «Natürlich möchte ich Nähe mit dir haben.» Dort sagt jemand: «Ich habe mich verändert», während das Ich sagt: «Wir sollten so weitermachen wie bisher.» Durch wunschorientiertes Vorgehen wird dieser Teil der Partner nicht in die Lösung mit einbezogen. Er mischt sich dann störend in die Beziehung ein, verschärft das Problem und lässt sich daran weder von den eigenen Vorstellungen noch von denen des Partners hindern.

Eine Beziehung wunschgemäß verändern zu können würde eine unvorstellbare Kontroll- und Koordinationsleistung erfordern; und damit gingen die wichtigen Informationen, nämlich die unbewussten Vorgänge, die das Problem hervorrufen, verloren. Schließlich hat sich die Beziehung nicht grundlos verändert, sondern sie hat dies aufgrund individueller Veränderungen auf der einen oder anderen Seite getan, aufgrund veränderter individueller Bedürfnisse, Interessen oder Zustände.

Individuelle Veränderungen können nicht ausbleiben. Natürlich verändert kein Partner seine Bedürfnisse absichtlich. Diesbezüglich ist er seinem Unbewussten, seiner Gefühlswelt und auch den Umweltbedingungen in hohem Maße ausgeliefert. Weil der Einzelne machtlos gegenüber seiner eigenen Veränderung ist und diese sogar will, kommt eine bewusste Beziehungsgestaltung schnell an ihre Grenzen.

Doch nicht der Versuch, eine Beziehung manipulieren zu wollen, ist fragwürdig, sondern allein der Versuch, sie *zielgerichtet* manipulieren zu wollen.

Es ist nachteilig und oft schlicht falsch, nach Lösungen zu suchen, wenn das Problem nicht verstanden wurde. Einen Anteil an dieser oberflächlichen Mangelbeseitigung haben wohl auch die lösungsorientierten Ansätze der sogenannten Kurzzeittherapie oder des lösungsorientierten Coachings, die in den letzten Jahrzehnten Verbreitung fanden. Diese Methoden suchen meist nicht nach dem Sinn eines Problems, sondern beruhen auf der Überzeugung, Menschen würden einen Gewinn daraus ziehen, Lösungen zu vermeiden. Das kann auf die Banalität hinauslaufen, dass der Gewinn eines Problems darin besteht, sich nicht verändern zu müssen. Doch jeder Mensch hat Angst vor Veränderungen, und jeder hält so lange es geht am Alten fest. Das ist natürlich und nicht weiter schlimm, denn Menschen entwickeln gerade aus ihrem Leid heraus die Lust auf Veränderung.[11] Diese Lust schafft letztlich das Problem, sie ist die andere, nicht wahrgenommene Seite eines Themas oder einer Situation. Daher braucht man nicht nach Lösungen zu suchen, weil sie bereits angedeutet sind. Es reicht, sich mit dem Sinn eines Problems zu befassen, dann stolpert man sozusagen von selbst über die Lösung.

Wenn es stimmt, dass die passende Lösung in einem Problem versteckt ist, dann nutzt es wenig, der Beziehung Vorschriften zu machen. Es kann aber viel nutzen, die Beziehung zu erforschen. Damit befasst sich der nächste Abschnitt.

Ausloten – der Ansatz der Beziehungs-Erforschung

Zwischen den beiden Möglichkeiten, Beziehungen zu verändern – einerseits dem Gestaltungs-Ansatz und andererseits dem Auslotungs-Ansatz –, bestehen beträchtliche Unterschiede. Diese möchte ich anhand unterschiedlicher grafischer Darstellungen aufzeigen.

Dieses Bild zeigt eine Beziehung aus der Partner-Perspektive. Hier tun sich zwei Partner zusammen und verschmelzen, es entsteht eine Schnittmenge, in der jeder Partner zu einem Teil des anderen wird. Es entsteht ein «Wir» aus gemeinsamen Absichten, das einer Beeinflussung durch gemeinsame Entschlüsse zugänglich zu sein scheint. In den meisten Publikationen der letzten Jahrzehnte wurden Beziehungen auf diese Art dargestellt.

Dieses Bild zeigt eine Beziehung aus der Beziehungs-Perspektive. Darin sind und bleiben die Partner unabhängige Individuen, zwischen denen es keine direkte Berührung gibt. Keiner kann und will Teil des anderen werden. Wie im Beispiel der farbigen Lampen bildet sich die Beziehung aus der Reaktion der Farbfelder aufeinander. Die Beziehung entsteht *zwischen* den Partnern, sie ist Ergebnis der Kommunikation, also der Reaktionen aufeinander.

Die linke Darstellung liefert das Bild eines mehr oder weniger großen Einsseins der Partner miteinander. In der Idealvorstellung würden beide Kreise zu einem perfekten Paar, zu einer Einheit verschmelzen. Die rechte Darstellung hingegen zeigt die Partner als differenzierte Individuen, deren Beziehungen durch den Verlauf ihrer Kommunikation geprägt wird. Hier kommt es zu keiner Verschmelzung, sondern zur Begegnung. Dennoch kann und soll das *Gefühl* der Verschmelzung sehr intensiv entstehen, indem sich die Partner auf ihre Kommunikation, also auf den Austausch von Blicken, Gesten, Berührungen, Worten etc. konzentrieren.

Welche Ansätze zur Veränderung einer Beziehung legen die beiden Zeichnungen nahe? Die linke Darstellung lässt einen Ansatz an den gemeinsamen Absichten und Entschlüssen der Partner sinnvoll und möglich erscheinen. Die rechte Darstellung macht hingegen deutlich, dass zwar einer oder beide Partner ihr Verhalten ändern können (die Farbe der Lampen), sich die Reaktion der Beziehung (das sich ergebende Farbfeld) aber erst in der Folge herausstellen wird.

Aus der Partner-Perspektive ergibt sich also ein zielgerichtetes Vorgehen, aus der Beziehungs-Perspektive hingegen ergibt sich ein erforschendes Vorgehen. Darin besteht ein wesentlicher Unterschied dieser beiden Veränderungsansätze.

Gestaltung versus Auslotung

Das zentrale Anliegen des Gestaltungs-Ansatzes besteht darin, einen von den Partnern empfundenen Mangel zu beseitigen. Die Vorgehensweise dabei ist zielgerichtet. Das Anliegen des Auslotungs-Ansatzes besteht hingegen darin, eine Beziehung auf ihre Möglichkeiten hin zu erforschen. Das Vorgehen dabei ist ergebnisoffen.

Im Ansatz des Auslotens wird einer Beziehung kein Mangel unterstellt, sondern ihr wird ein bestimmter Zustand attestiert. Dieser Zustand mag zwar unerwünscht sein, dennoch wird er wertneutral betrachtet und behandelt. Die Beziehung ist, wie sie ist. Sie ist nah oder distanziert, zerrüttet oder angespannt oder sonst wie. Sicherlich ist sie nicht zufällig so, sondern weil die Partner sich entsprechend verhalten, aber gerade dieses Verhalten wird nicht als falsch, sondern als sinnvoll angesehen. Und es wird nach Möglichkeiten gesucht, die Absichten der individuellen Veränderungen, die diesem Verhalten zugrunde liegen, in die Beziehung zu integrieren.

Ich bin der Meinung, dass ein ergebnisoffenes Vorgehen mehr Chancen für die Verbesserung einer Beziehung eröffnet als ein zielgerichteter Ansatz. Zusätzlich wird das ergebnisoffene Vorgehen den Partnern gerecht, denn es nutzt die im Problem enthaltenen Informationen und berücksichtigt die tatsächlichen Fähigkeiten und die vorhandene Bereitschaft der Partner. Ein zielgerichtetes Vorgehen setzt den Partner oftmals Erwartungen auf, denen sie nicht entsprechen können, beispielsweise fordert es das Erlernen bestimmter Kommunikationsfähigkeiten oder eine eventuell nicht vorhandene Bereitschaft, sich einzulassen, und anderes mehr.

Um die Unterschiede der beiden Vorgehensweisen, also der *Gestaltung* auf der einen und der *Auslotung* auf der anderen Seite, auch auf praktische Weise zu erläutern, möchte ich das Beispiel von Frau und Herrn Y nochmals aufgreifen. Beide Partner erlebten ihre Beziehung als langweilig und vermissten Lebendigkeit miteinander. Anfangs war diese Lebendigkeit da, Frau Y und Herr Y haben viel Zeit miteinander verbracht und interessante Dinge unternommen, jetzt aber sind diese Aktivitäten eingeschlafen, was beide bedauern und verändern wollen. Aus der Partner-Perspektive scheint der Mangel der Beziehung auf der Hand zu liegen. Die Beziehung ist eingeschlafen, weil sich die Partner hängen lassen, einander aus dem Weg gehen und sich gleichgültig und desinteressiert zeigen. Das «richtige» Verhalten, um zur lebendigen Wunschbeziehung zu gelangen, wäre demnach: Nehmt euch Zeit füreinander, unternehmt etwas zusammen, steckt mehr Energie in eure Partnerschaft. Das sind sogenannte erprobte Ratschläge, die aus wissenschaftlichen Untersuchungen oder einem Lehrbuch für erfolgreiche Partnerschaften stammen könnten.

Wie vorne bereits geschildert, haben die Partner schon versucht, derartige Gestaltungstipps umzusetzen. Frau Y möchte mit ihrem Mann wandern gehen, Herr Y will mit seiner Frau Motorrad fahren. Der Kompromiss der Partner lautet nun: Wir fahren mit dem Motorrad zum Wandern. Mit den Ergebnissen dieser Beziehungs-Gestaltung sind beide unzufrieden. *Sie* sitzt angespannt auf dem Motorrad, *er* läuft angespannt neben ihr durch die Berge. Sie kommen nicht wunschgemäß zusammen, die Langeweile ist nicht verschwunden, die unterschwellige Spannung wächst sogar. Die Beziehung ist jetzt: angespannter.

Was ergibt sich nun aus der Beziehungs-Perspektive und ihrem Auslotungs-Ansatz? Aus dieser Sichtweise verhalten sich die Partner nicht falsch, sie haben ihr Verhalten im Vergleich zum Anfang lediglich verändert. Anfangs gingen die Partner freudig aufeinander zu, jetzt gehen sie sich aus dem Weg. Das ist interessant, das ist eine neue Information. Welcher Sinn mag sich dahinter verbergen? Um das herauszufinden, werden Frau Y und Herr Y aufgefordert, ihr

149   *Versuche, Beziehungen zu erhalten*

störendes Verhalten zu erkunden und sich (in der Vorstellung) noch weiter aus dem Wege zu gehen. Sie sollen sich für einen Moment vorstellen, sich überhaupt nicht um den Partner zu kümmern und dessen Anliegen gegenüber völlig gleichgültig zu sein. Was wird dann für jeden Partner möglich?

Die Antworten von Frau Y und Herrn Y liegen nicht weit auseinander. Jeder erklärt, dann endlich machen zu können, was er möchte. Frau Y schwärmt davon, durch die stille Bergwelt zu wandern, die Weite und die Ruhe in sich aufzusaugen, dem Gesang der Vögel zu lauschen, die friedvolle Atmosphäre einzuatmen und aufzutanken. Herr Y schwärmt davon, durch kurvige Landstraßen zu brausen, die Kraft seines Motorrades unter sich zu spüren, den Sound des Motors zu genießen und aufzutanken. Beide genießen ganz besonders, allein zu sein und ihren Gedanken und Gefühlen ungestört nachzugehen.

Nach ihren Schilderungen sind beide Partner erstaunt. Sie erkennen, exakt das Gleiche zu suchen, es aber auf unterschiedliche Weise zu finden. Beide wollen *auftanken*, aber jeder tankt einen anderen Treibstoff. Sie tankt Stille, er tankt Energie. Erstaunt sind sie auch darüber, dass jeder Zeit ohne den anderen sucht. Beide betonen, diese Sehnsucht nach Alleinsein sei ihnen nicht klar gewesen, es sei etwas Neues; und beide wirken verunsichert, als sie von diesem Bedürfnis erzählen. So, als ob es ein unausgesprochenes Verbot gibt, etwas Derartiges zu wollen. Da beide das gleiche Bedürfnis äußern, fällt es ihnen jedoch leichter, es zuzugeben und gegenseitig anzuerkennen.

Die Partner schauen sich nun lächelnd an. Paradoxerweise haben sie zwar individuelle Unterschiede und ein Bedürfnis nach Abstand erkannt, aber dennoch ist dadurch nicht emotionale Distanz, sondern emotionale Nähe entstanden. Sie sind sich in ihren Bedürfnissen nah. Die Partner vereinbaren daraufhin, jeder solle die Möglichkeit haben, auf seine Art und Weise aufzutanken. Er fasst ihre Hand und sagt: «Ich will, dass du in den Bergen glücklich bist», und sie sagt: «Ich möchte, dass dir der Wind durch die Haare fegt.» Damit kehren die beiden in ihren Beziehungsalltag zurück. Wie wird es sein, sich mehr Raum zu lassen? Beide sind gespannt darauf. Im Augenblick ist ihre Beziehung: aufregend und spannend.

Natürlich ergibt sich so ein positives Ergebnis nicht zwingend aus dem Auslotungs-Ansatz. Die Beziehung hätte auch anders reagieren können. Dann wären die Partner möglicherweise über ihre Unterschiedlichkeit entsetzt gewesen, hätten sich das Bedürfnis nach Abstand übel genommen, und es wäre statt Nähe mehr Abstand entstanden. Bei einem ergebnisoffenen Vorgehen kann es keine Garantie dafür geben, wie die Beziehung zukünftig aussehen wird.

Aber wenn man das störende Verhalten der Partner erforscht, gibt es eine andere Garantie. Die Garantie, dass jeder Partner die Veränderung seiner individuellen Bedürfnislage erkennen und in die Beziehung einbringen kann. Das ist in dem obigen Beispiel geschehen. Bei jedem Partner hat sich ein neuer oder anderer Persönlichkeitsaspekt gezeigt, der bisher eine untergeordnete Rolle in der Beziehung spielte. Dieser Teil der Person sagte: «Ich spreche für veränderte Bedürfnisse. Ich möchte auf meine eigene Weise auftanken! Ich brauche es, allein zu sein.»

151   *Versuche, Beziehungen zu erhalten*

Die versteckte Absicht eines Verhaltens

Wer eine Beziehung auslotet, braucht sich keine Gedanken zu machen, ob die Partner sich richtig oder falsch verhalten. Er geht davon aus, dass jedem Verhalten ein Sinn zugrunde liegt, einfach deshalb, weil es kein Verhalten gibt, hinter dem nicht ein Persönlichkeitsaspekt steht, der etwas beabsichtigt. Eines muss man jedoch im Auge behalten. Das gezeigte Verhalten muss nicht objektiv sinnvoll sein, es kommt allein darauf an, dass es dem Betreffenden sinnvoll erscheint. Es kommt also auf die Absicht des Verhaltens an, nicht auf sein Ergebnis. Die Absicht ist immer sinnvoll, während die Art und Weise, in der ihr nachgegangen wird, das keineswegs immer sein muss.

Frau Y und Herr Y verfolgen beide die Absicht, aufzutanken. Dennoch können sie diese Absicht nicht direkt umsetzen, weil jeder Rücksicht nehmen will und die Veränderung seiner eigenen Bedürfnislage nicht klar genug erkannt hat. So geraten die beiden in Konflikte, Frau Y nörgelt, Herr Y wehrt sich, es entsteht Streit und mit ihm Distanz. Zwar ist der gesuchte Abstand auch auf diese Weise hergestellt, doch es lag nicht in der Absicht der beiden, ihre Beziehung zu beschädigen, nur um allein auftanken zu können. Das zeigt, dass Absicht und Sinn eines Verhaltens nicht mit dessen Ergebnis identisch sein müssen. Wird die Absicht hinter dem Streit und dem die Beziehung störenden Verhalten allerdings erkannt, kann ihr auf direktere Weise entsprochen werden.

Eine Beziehung auszuloten führt dazu, scheinbar rätselhaftem Verhalten und bisher unerkannten Veränderungen auf die Spur zu kommen. Dazu ist vor allem Neugierde erforderlich.

Schritte der Auslotung

Das Beispiel von Herrn und Frau Y enthält alle wichtigen Elemente einer Auslotung, die sich in vier Schritten darstellen lassen.

- Als Erstes wurde der Zustand der Beziehung wertneutral festgestellt. Die Beziehung wurde als langweilig beschrieben, was bedeutet, dass sie sich in einem angespannten Zustand befand.
- Als Zweites wurde das Verhalten der Partner, «sich aus dem Wege gehen», auf seinen Sinn (seine Absicht) hin erforscht. Die Partner entdeckten ihr Bedürfnis nach Alleinsein und Entspannung.
- Als Drittes legten die Partner ihre veränderten Bedürfnisse offen. Die Frau offenbarte sich als «stille Genießerin», der Mann offenbarte sich als «Energiefreak».
- Als Viertes stellte sich heraus, welche Beziehung diese veränderten Partner miteinander eingingen. Sie öffneten ihre Herzen füreinander und kamen sich näher.

Wenn Sie diese Vorgehensweise betrachten, fällt Ihnen vielleicht auf, dass hier nicht vorschnell nach einer Lösung gesucht wird. Bei der Auslotung wird sogar am Problem angesetzt, weil völliges Vertrauen darin besteht, dass das Problem seine eigene Lösung in sich trägt. Diese Lösung läuft in allen Beziehungsproblemen darauf hinaus, «ein anderer»

153   *Versuche, Beziehungen zu erhalten*

zu sein, denn dieser andere produziert das Beziehungsproblem.

Ein anderer sein

Im obigen Beispiel zeigen sich diese anderen. Frau Y sagt von
ihrem Mann, dieser habe sich zum Energiefreak entwickelt,
und Herr Y sagt von seiner Frau, diese habe sich in eine stille
Genießerin verwandelt. Das war anfangs anders. Da waren
beide «Aufbauer» ihrer Beziehung gewesen, haben ein Haus
gebaut und eine Familie gegründet und sich dabei auf ihre
Zusammenarbeit konzentriert. Jetzt möchte sich jeder wieder mehr eigenen Bedürfnissen zuwenden, die einige Jahre
zurückgestellt waren. Diese unerfüllten Bedürfnisse machten sich als Störung – als die beklagte Langeweile – bemerkbar; und diese Störung lieferte den Ansatzpunkt dafür, die
Beziehung zu verbessern.

Man kann sich die Situation des Paares ungefähr so vorstellen. Aufgrund des gemeinsamen Vorhabens (Hausbau
und Familiengründung), also aus Liebe füreinander, stellte jeder einen Persönlichkeitsanteil zurück. Dieser drängte
im Laufe der Jahre immer stärker darauf, mitzuspielen und
zu seinem Recht zu kommen, nämlich aufzutanken. Fakt
war aber auch, dass jeder Partner auf eine andere Weise
auftankt. Aus Rücksicht aufeinander sollte gemeinsam
aufgetankt werden, was aber nicht den Bedürfnissen der
Partner entsprach. Den Entspannungs-Anteilen der beiden
Partner-Persönlichkeiten wurde sozusagen verboten, sich
in ihrer Unterschiedlichkeit zu zeigen. Ihnen wurde vor-
geschrieben: «Einigt euch auf ein gemeinsames Auftanken.»

Die individuellen Bedürfnisse dachten aber gar nicht daran, sich für die Beziehung einspannen zu lassen, und deshalb sorgten sie für einen destruktiven Abstand voneinander, der als Gleichgültigkeit und fehlendes Interesse beklagt wurde. Die unterschiedlichen Bedürfnisse der Partner störten die Beziehung, und das ist durchaus sinnvoll und kein Beziehungsmangel. Dahinter steckt eine unbewusste Absicht.

Wenn Partner erkennen, dass dem störenden Verhalten eine individuelle Veränderung zugrunde liegt, dass jeder sozusagen ein anderer Mensch geworden ist, dann ist dieses Verhalten nicht mehr bloß störend, sondern aufschlussreich. Und wenn sie ihre individuelle Veränderung darüber hinaus gegenseitig anerkennen, dann verändert sich auch ihre Beziehung. Bezogen auf dieses Beispiel lautet die Frage dann: «Wie verändert sich die Beziehung, wenn ein Partner darin Stillegenießer und der andere darin Energiefreak sein kann und sein darf?» Frau Y und Herr Y fanden dies spannend. Sie würden etwas Neues miteinander beginnen, das auf der einen Seite mehr Distanz mit sich brachte – getrennte Urlaube beispielsweise – und auf der anderen Seite mehr Nähe – Akzeptanz, Mitteilung, Bestätigung – versprach.

Wie kam es zu dieser Lösung? Nicht, indem nach einem angeblich richtigen Verhalten gesucht wurde. Nicht, indem Gemeinsamkeiten gestaltet wurden. Nicht, indem der Frage nachgegangen wurde: «Was sollen wir tun, um die Beziehung zu verbessern?» Sondern indem der Frage nachgegangen wurde: «Wer willst du in deiner Beziehung sein?»

An dieser Stelle wird ein zentraler Unterschied der beiden Vorgehensweisen deutlich. Bei der Partner-Perspektive liegt der Fokus auf dem *Tun*, bei der Beziehungs-Perspektive auf dem *Sein*. Ich bevorzuge es in meiner Arbeit, den Fokus auf das Sein zu richten. Auf diese Weise unterstütze ich jeden Partner darin, bisher aus der Beziehung ausgeschlossene oder neu auftauchende Persönlichkeitsaspekte in die Beziehung hineinzutragen. Ich mache dies, weil ich glaube, dass jemand nur dann dauerhaft in einer Beziehung bleiben kann, wenn er Akzeptanz und Bestätigung für die Person findet, die er mittlerweile geworden ist.

Eine Frau erklärte ihrem Ehemann nach jahrelangem Streit um die Hausarbeit: «Ich bin nicht mehr das Heimchen, das ich die letzten Jahre sein wollte und für dich sein sollte. Ich bin kreativ und ein bisschen verrückt. Ich bin eine Zigeunerin.» Der Mann hörte zu und nickte. Diese «Zigeunerin» hatte ihm zu schaffen gemacht. Sie war unzuverlässig im Haushalt und legte keinen Wert auf blitzende Böden und aufgeräumte Schränke. Das gefiel ihm nicht, aber eine andere Seite der Zigeunerin gefiel ihm. Diese tanzte gern, liebte leidenschaftlich und hatte Spaß am Leben. Damit war klar, wer die Frau zukünftig sein wollte: sehr viel mehr als bisher eine Zigeunerin. Jetzt erst macht die Frage «Was tun?» Sinn, aber auch nur dann, wenn diese Frage an die Zigeunerin gerichtet wird. Hätte man diese Frage dem «Heimchen» gestellt, was hätte es darauf antworten können? Dass es einen Kurs in Hauswirtschaft besuchen wird? Dass es bügeln lernen wird? Dass es sich weiter anpassen und auf diese Weise in der Beziehung glücklich sein will?

Die Frage «Was tun?» muss sich an den veränderten Persönlichkeitsteil richten, der ja schon etwas Neues tut, etwas Störendes zwar, aber etwas Wichtiges. Dieser Person, im obigen Beispiel der Zigeunerin, braucht man keinen Rat zu geben, sie weiß genau, was sie zukünftig tun und lassen möchte. Wenn die Frau sich (mehr) als Zigeunerin verhält, dann verändert sich ganz automatisch die Beziehung. Vielleicht kümmert sich der Mann selbst um seine Wäsche und räumt seine Schränke selbst auf. Vielleicht wird die Beziehung dadurch weniger alltagsbezogen und weniger partnerschaftlich, aber dafür leidenschaftlicher und lustvoller.

Wenn Partner direkt danach fragen, *was* sie tun sollen, kann ein entsprechender Ratschlag hilfreich oder ganz nutzlos sein. Meist ist er ziemlich nutzlos. Wer sich beispielsweise in einer Beziehung dem Partner anpasst, der kann mit dem Ratschlag «Behaupte dich» nicht viel anfangen. Anpassung ist nämlich kein Problem, solange man darunter nicht leidet. Wer allerdings einen Rat sucht, der leidet schon. Der begehrt bereits innerlich gegen seine Anpassung auf, und der braucht den Ratschlag nicht. Der entdeckt besser, *dass und wie* er bereits aufbegehrt, also wer er bereits ist. Ihm hilft es, seine rebellische Seite zu entdecken, und einem Rebellen braucht man nicht zu sagen, was er tun soll, der weiß das selbst am besten.

Die Lösung versteckt sich stets im Beziehungsproblem, sie wird durch die Problembereiter angezeigt, die aufeinander reagierenden neuen Verhaltensaspekte, die das Problem verschärfen. Dazu noch ein weiteres Beispiel.

Ein Paar gerät in Streit, die Frau beschwert sich bitter über den Mann, der absolut unzuverlässig sei. Er halte kaum eine Abmachung ein und breche ständig seine Versprechen. Er mache seinen Teil der Hausarbeit nicht und lasse den Garten verkommen. Ihr Vorwurf lautet zusammengefasst: «Du bist ein schlechter Partner!» Der Mann gibt zerknirscht zu, er sei «sehr vergesslich und zerstreut» und es tue ihm leid, er sei von seinem Beruf stark belastet usw. Soll man dem Mann jetzt sagen, er müsse verlässlicher werden? Soll man ihn zu

157 *Versuche, Beziehungen zu erhalten*

einem Konzentrationstraining schicken oder ihm die Regel einer guten Partnerschaft vor Augen halten? Soll man ihm raten, seine Arbeitszeit zu reduzieren oder sich einen anderen Job zu suchen? Solche Ratschläge böten sich aus der zur Partner-Perspektive gehörenden «Was tun?»-Frage an. Oder sollte man ihm (und der Frau) helfen, den Sinn und die Absicht hinter seinem störenden Verhalten zu entdecken? Das böte sich aus der «Wer willst du sein?»-Frage an. Schauen wir uns diese Variante an.

Der Mann wird aufgefordert, das zu sein, was er angeblich zufällig und ungewollt ist, nämlich ein «Zerstreuter». Um ihn dabei zu unterstützen, schlage ich der Frau vor, ihm kleine Zettel zu überreichen, auf denen sie Anweisungen für ihn notiert hat. Ein Zettel nach dem anderen macht sich auf den Weg zum Mann, der als Zerstreuter einen Zettel nach dem anderen verlegt, fallen lässt oder in die Tasche steckt. Schon während er das tut, fängt der Mann zu grinsen an, was seine Frau, die innerlich bereits kocht, richtig wütend macht. Die Frage «Wozu ist es gut, all diese Zettel zu verstreuen?» beantwortet der Mann nun mit einem klaren: «Dann bin ich den Mist los und kann machen, wozu ich Lust habe.» Die Frau braust auf: «Dann willst du dich gar nicht an unsere Abmachungen halten?» Der Mann antwortet: «Nein, ich hab absolut keine Lust auf deine Anweisungen. Ich sehe das alles nicht so verkniffen, ich sehe das alles viel lockerer.»

Jetzt ist der Sinn des Vergessens klar. Der Zerstreute ist ein Rebell, der nicht offen, sondern untergründig für mehr Lockerheit kämpft. Der Mann hat jetzt deutlicher vor Augen, wer er in der Beziehung sein möchte; und seine Frau hat das ebenfalls erfahren. Der Mann nennt sich «Lockerer», die

Frau aber ist mit dem «Lockeren» nicht einverstanden. «Wer macht dann den Garten?», fragt sie herausfordernd. Der Lockere zuckt mit den Schultern: «Wenn du einen geleckten Garten willst, dann musst du dafür sorgen.» Die Frau regt sich weiter auf, aber der Lockere gibt nicht nach. Nach einer Weile stehen sich zwei Partner gegenüber, von denen jeder sagt: «Ich finde andere Dinge wichtiger als du!»

Damit sind die Partner bei dem Thema angekommen, das hinter ihrem Konflikt stand. Sie sind unterschiedlicher Auffassung über Gartengestaltung und andere wichtige oder unwichtige Dinge des Lebens. Diese Unterschiede sind jahrelang nicht offen hervorgetreten, haben aber an der Beziehung genagt. Schließlich war die Störung (der Streit) groß genug, um sich dem Thema zuzuwenden. Die Frage ist jetzt, wie die beiden mit ihrer Unterschiedlichkeit umgehen. Eine *gemeinsame* Umgehensweise wird sich nur finden, wenn die Partner anerkennen, dass er lockerer und sie verbindlicher ist, dass sie also verschieden sind. So ist eine spannende Entwicklung in Gang gekommen. Verfolgen wir sie noch ein wenig weiter.

Die Frau erklärt, dass der Garten ein Aushängeschild gegenüber den Nachbarn sei und dass irgendjemand ihn in Ordnung halten müsse. Der Mann sagt: «Das mag sein, aber *ich* bin das bestimmt nicht.» Die Frau ist sprachlos, so hat sie ihren Mann noch nicht kennengelernt. Sie empört sich: «Soll *ich* das vielleicht machen, das schwere Umgraben und …», woraufhin er sagt: «Wenn du willst, mach es, sonst lass es.» Der Widerstand der Frau wird allmählich schwächer. «Das geht doch nicht, wir können den Garten doch nicht verkommen lassen», wendet sie ein. Nun tritt der Lockere im Wortsinn in Aktion und nimmt sie auf den Arm: «Nein,

159 *Versuche, Beziehungen zu erhalten*

das geht nicht. Die Nachbarn werden über uns herfallen, das Ordnungsamt wird uns verhaften lassen, niemand wird mehr ein Wort mit uns sprechen, wir werden einsam und verlassen sterben.»

Jetzt lacht die Frau. Im Grunde, sagt sie, gefalle ihr der Lockere ganz gut, es falle ihr nur so schwer, selbst locker zu sein. «Tja», grinst ihr Mann, «da hast du wirklich ein Problem.» Die Frau sagt nun: «Ich werde wohl damit leben müssen, einen lockeren Mann zu haben.» Sie lächelt dabei und klingt überhaupt nicht unzufrieden, sondern ebenfalls lockerer. Trotz der offenbarten Unterschiedlichkeit der Partner hat sich die Beziehung verbessert. Die Frau hat erkannt, dass sie ein Herz für die lockere Seite ihres Mannes hat, weil diese Fähigkeit ihr selbst guttut.

Die Entspannung der Situation, die momentane Lösung kam nicht über die Frage «Was soll ich tun?», sondern über die Entdeckung «Wer will ich sein?». Die Lösung kam nicht über den Versuch, einen Mangel zu beseitigen, sondern indem eine Störung auf ihren Sinn hin erforscht und so für die Beziehung genutzt wurde. Ist den Partnern klar, wer jeder sein möchte, weiß jeder auch, welches Verhalten dazu erforderlich ist. Und logischerweise ändert sich eine Beziehung, sobald sich das Verhalten eines oder beider Partner verändert.

Selbstoffenbarung

Wenn ich hier davon spreche, ein Partner wolle ein anderer sein oder er sei bereits ein anderer geworden, dann meine ich nicht, dessen gesamte Persönlichkeit habe sich verändert. Es ist keinem Menschen möglich, im Laufe seines Lebens ein völlig anderer zu werden. Dennoch verändert sich jeder Mensch nach und nach partiell. In Beziehungen geschehen solche individuellen Veränderungen oft unabhängig vom Partner. Einer verhält sich plötzlich anders, einer macht – wertneutral ausgedrückt – etwas Neues, Ungewohntes, Störendes. Damit offenbart er sich als verändert, als ein anderer.

Da ist eine Frau, die sich weigert, mit ihrem Mann Sex zu haben. Bisher sagte sie ja, jetzt sagt sie nein. Sie sagt dies nicht verbal, sondern indem sie sich den sexuellen Angeboten ihres Mannes entzieht. Durch diese Weigerung verursacht sie zwar das Problem, aber dahinter steckt eine unbewusste Absicht. Sie möchte ihrem Mann nicht länger «für seine Triebabfuhr» zur Verfügung stehen. Die Frau möchte nicht mehr über sich verfügen lassen und setzt deshalb einen Stopp. «Sex», das sagt die «Verweigernde» unmissverständlich, «gibt es mit mir nur noch, wenn ich dabei auf meine Kosten komme.» Man kann gespannt darauf sein, wie der Mann mit seiner veränderten Partnerin umgehen wird. Wenn er wissen will, was die Kosten sind, auf die seine Frau kommen möchte, und wenn sie diese offenbart, wird es wieder spannend in der Beziehung.

Da ist der Mann, der es leid ist, Geld nach Hause zu schaffen und die Ansprüche seiner Frau doch nie befriedigen zu können. Er regt sich über ihren Versuch auf, sich als Homöopathin selbständig zu machen, der seit Jahren viel Geld kostet und nichts einbringt. Versprach er bisher: «Ich sorge für dich, ich unterstütze dich», möchte er jetzt mehr «für mich sorgen und meine Belastung zurückfahren». Er war ein «Unterstützer» und wird nun ein «Egoistischer». Man kann

161   *Versuche, Beziehungen zu erhalten*

gespannt darauf sein, wie die Frau mit dem veränderten Partner umgehen wird.

Da ist die Frau, die ihre Karriere für das gemeinsame Kind zurückgestellt hat. Ihr Mann möchte ein zweites Kind, aber sie stellt sich quer. Sie will nicht allein «Mutter» sein, sondern «Gestalterin» in ihrem Beruf. Man kann gespannt darauf sein, wie der Mann sich zu dieser offensiv hervorgetretenen Gestalterin verhalten wird.

Wer durch ein verändertes Verhalten in seiner Beziehung ein Problem aufwirft, bei dem hat sich ein Persönlichkeitsanteil ins Geschehen eingemischt, dem bisher zu wenig Beachtung zuteil wurde. Bringt er diesen ans Tageslicht, kann sein Partner erkennen, mit wem er es zu tun hat.

In jeder sogenannten Beziehungsstörung liegt die Aufforderung versteckt, sich als ein Veränderter zu offenbaren.

In Beziehungen kommt es immer zur Selbstoffenbarung, ob der betreffende Partner das will oder nicht. Keinem Partner gelingt nämlich das Kunststück, seine veränderte Bedürfnislage dauernd zu ignorieren. Irgendwann zeigt sich ein merkwürdiges Verhalten, das hier wertneutral als «neues» Verhalten bezeichnet wird und das quer zum gewohnten Verhalten liegt. Es mag daher durchaus so scheinen, als wäre das problematische Verhalten tatsächlich falsch. Aber letztlich ist es nicht falsch, sondern enthält Informationen über die individuell veränderte Lage und die Absichten des Betreffenden.

So wie bei der Frau, die ihren Mann nach einigen Ehejahren aus heiterem Himmel angriff. Sie nannte dieses Verhalten «Feuer legen». Scheinbar grundlos hielt sie ihm Dinge vor, gegen die er sich nicht wehren konnte. Sie warf ihm beispielsweise vor: «Wenn ich mal Krebs habe und eine Glatze, dann würdest du mich nicht mehr wollen.» Und sie fuhr mit der Beschimpfung fort: «Ich wusste immer, dass du ein oberflächlicher Versager bist.» Die Frau steigerte sich in diese Gefühle hinein und wurde zur «Furie». Es wäre leicht, ihr Fehlverhalten vorzuhalten, aber es ist sinnvoller, die Lösung zu entdecken, die die Furie vorschlägt.

Dazu muss man feststellen, welcher Persönlichkeitsanteil von der Furie repräsentiert wird und welche Absicht sich in dem Verhalten verbirgt. Als Furie fühlt sich die Frau stark und selbstbewusst und unabhängig. Als sie diese Eigenschaften entdeckt, gewinnt sie Mut, sich gegenüber ihrem Mann zu behaupten. Sie erklärte ihm, sie wolle sich einen eigenen Job suchen und ihr eigenes Geld verdienen. Aufgrund dieser Aussagen lässt sich der Sinn des furiosen Verhaltens besser erkennen: Die Furie legt Feuer an die Beziehung, weil die Frau sich darin zu abhängig fühlt. Bevor sie das weiter erträgt, würde sie die Beziehung «abbrennen». Die einzig sinnvolle Möglichkeit, diese Beziehung weiterzuführen, liegt für die Frau darin, sich unabhängiger zu machen.

Das Beispiel zeigt ebenso wie die vorherigen Beispiele: Was als Problem auftaucht und tatsächlich in der Beziehung Probleme verursacht, weist darauf hin, wie sich ein Partner verändert hat und *wer* er zukünftig sein will.

Die Bedingung, um eine Beziehung weiterzuführen, lautet irgendwann immer: Ich mache nur weiter mit, wenn ich in unserer Beziehung «ich selbst» sein kann, wenn ich so sein kann, wie ich inzwischen geworden bin.

«Er selbst» in seiner Beziehung kann sein, wer sich dem Partner gegenüber als solcher offenbart. Wie die vorigen Beispiele gezeigt haben, macht das jeder Partner zwar von selbst, aber nicht ohne weiteres auf eine verständliche, sondern oft auf eine für die Beziehung destruktive Weise. Gerade deshalb ist es so wichtig, problematisches Verhalten auf seine Absichten und den darin verborgenen Sinn hin zu untersuchen.

Das Lot auswerfen und die Reaktion der Beziehung feststellen

Halten wir fest: Wenn es in Beziehungen zu unerwünschten Verhaltensänderungen der Partner kommt, zu Klagen, Streit, Kämpfen oder Distanz, dann haben sich grundlegende Dinge wie Bedürfnisse, Interessen, Körperzustände, Denkweisen, Gefühle, Lebensträume, Einstellungen oder Überzeugungen eines oder beider Partner verändert. Dann gilt es, diese individuellen Veränderungen zu erforschen und anzuerkennen. Aufgrund dessen werden neue Umgangsweisen miteinander sichtbar, bei deren Anerkennung sich zeigt, welche Beziehung dann entsteht. Dieses Vorgehen bezeichne ich als das Ausloten einer Beziehung.

Eine Beziehung auszuloten erfordert die Selbstoffenbarung der Partner und darüber hinaus, die Reaktion der Beziehung darauf wahrzunehmen.

Die Selbstoffenbarung der Partner entspricht einem «Sich-outen», da es meist schwerfällt, eine persönliche Veränderung – beispielsweise hin zu mehr Egoismus – zu zeigen, wenn man sich bisher angepasst verhalten hat, oder eine sexuelle Veränderung deutlich zu machen, wenn man bisher eine Gewohnheit aufrechterhielt. Die Beziehung wird durch jede Selbstoffenbarung in Unruhe versetzt und verändert. Wenn ein Partner sein Verhalten ändert – die Selbstoffenbarung an sich stellt schon solch eine Verhaltensänderung dar –, wird auch der andere darauf verändert reagieren. Die sich gegenseitig bedingenden Reaktionen der Partner nehmen einen anderen Verlauf.

Ein Mann, dem jetzt eine selbstbestimmtere Frau gegenübersteht, kann sich nicht länger als Pascha verhalten. Eine Frau, der jetzt ein egoistischerer Mann gegenübersteht, kann sich nicht länger auf dessen Versorgung ausruhen. Die Beziehung kommt in Bewegung, und das muss so sein, wenn sie Bestand haben und Qualität aufweisen soll. Selbstoffenbarung zwingt Partner, die Karten neu zu mischen. Das Risiko der Selbstoffenbarung besteht allein darin, vorher nicht zu wissen, wie sich die Beziehung aufgrund der eingebrachten individuellen Veränderungen entwickeln wird. Dieses Riskio ist unvermeidlich. Die Liebe hat keinen doppelten Boden. Es gibt keine Garantie, keine Gewährleistung dafür, dass eine Beziehung jede Veränderung übersteht.

Insofern gleicht die Fortführung einer Beziehung einer Fahrt in unbekannte Gewässer; und gerade das macht Beziehungen lebendig. So wie Seefahrer in vorelektronischen Zeiten ein Lot auswarfen, um festzustellen, wie viel Wasser sich unter dem Kiel befindet und ob sie Untiefen durchqueren können, so können Partner mit Verhaltensänderungen experimentieren, die sich aus der jeweiligen individuellen Verfassung ergeben. Die Beziehung wird auf jede Verhaltensänderung reagieren, sie wird sozusagen antworten, indem sie ihren Zustand verändert.

Im oben aufgeführten Beispiel von Frau Y und Herrn Y, die entdeckten, stille Genießerin und Energiefreak zu sein, entstand eine neue Nähe. Diese Nähe war die Antwort der Beziehung auf die Selbstoffenbarung der Partner. Die Partner akzeptierten ihre unterschiedlichen Bedürfnisse, und jeder machte deutlich, dass er seinen Partner glücklich sehen wollte. Die Beziehung ist nun zwar räumlich etwas distanzierter, aber psychisch sind sich die Partner nähergekommen. Man fährt getrennt in den Urlaub, aber man liebt sich dennoch oder umso mehr. Die Antwort der Beziehung wurde von den Partnern positiv erlebt. Eine andere Frau erzählt:

Nach drei Jahren Beziehung wuchs mein Wunsch, ein Kind zu haben. Mein Freund wollte nicht mitspielen, und ich wollte die Beziehung zu ihm nicht beenden. Je mehr Druck ich ihm machte, desto mehr zog er sich zurück. Irgendwann wollte er Sex nur noch mit Kondom haben. Ich habe mit mir gekämpft und ihm schließlich gesagt, dass ich auf jeden Fall ein Kind möchte, und wenn es nicht vom ihm sein könnte, dann würde ich mit einem anderen Mann schlafen. Es wäre dann aber mein Kind und nicht seines. Ich sagte ihm, ich wolle mit ihm zusammenbleiben und er müsse selbst entscheiden, ob er sich dann trennen wolle oder nicht. Er war ziemlich schockiert, aber er hat mich von dem Augenblick an anders wahrgenommen.

Ich war nicht mehr selbstverständlich für ihn.
Inzwischen haben wir eine zweijährige Tochter,
und er ist der Vater.

Das ist ein zugegeben radikales Beispiel einer Selbstoffenbarung. Aber es zeigt auch, dass diese Beziehung entgegen vorhandener Befürchtungen nicht auseinanderging, sondern intensiviert wurde. In dieser Intensivierung besteht die Antwort der Beziehung auf die Selbstoffenbarung der Frau und die anschließende Reaktion ihres Partners.

Beziehungen antworten meist anders, als Partner das befürchten. Das zeigt sich in der Beratung beispielsweise dann sehr deutlich, wenn Partner, die bisher einen harmonischen Umgang miteinander pflegten, in heftigen Streit geraten. Die Harmonie kehrte einiges unter den Teppich, das auf einmal auf den Tisch kommt. Endlich ist es raus, und das tut gut. Die Beziehung ist dann nicht wie befürchtet zerstört, sondern geklärt. Keiner hat die Scheidung eingereicht, keiner hat sich abgewendet, vielmehr sagt jeder: «Warum hast du das nicht längst gesagt?» Die Beziehung hat sich verbessert, ihre Antwort ist positiv.

Andere Paare liegen in dauerndem Streit miteinander und machen sich ständig Vorwürfe. Insgeheim fürchtet sich jeder davor, seine verletzlichen Seiten zu zeigen, seine scheinbare Schwäche zu offenbaren. Wenn die Verletzungen dann offengelegt sind, wird entgegen allen Befürchtungen keiner verachtet oder abgewertet. Vielmehr sagen die Partner: «Ich habe nicht gewusst, wie viel dir das ausmachte.» Die Beziehung hat sich verbessert, ihre Antwort ist positiv.

Andere Paare verwickeln sich in halbherzige Kompromisse, die sie «der Liebe zuliebe» eingehen. Doch über die Liebe

167   *Versuche, Beziehungen zu erhalten*

lässt sich nicht feilschen. Wenn die Partner dann zeigen, wer jeder geworden ist, was er vermisst und wovon er träumt, wenden sie sich oft einander zu, anstatt wie befürchtet voneinander ab. Das Herz, das sich zeigt, hat die Chance, angenommen zu werden, und oft ist die Antwort der Beziehung auf die Selbstoffenbarung der Partner positiv.

Man darf sich den Prozess der Auslotung einer Beziehung allerdings nicht als einen schlagartigen Vorgang vorstellen. Er verläuft am besten Schritt für Schritt, mit langem Atem und ergebnisoffen. Manchmal wird die Antwort der Beziehung sogar erst dann deutlich, wenn die Beziehung schon beendet scheint. Das Thema Trennung ernsthaft aufzuwerfen und Schritte dorthin einzuleiten führt in den meisten Fällen dazu, dass sich das Verhalten auf beiden Seiten grundlegend ändert. Wenn dann Vorwürfe und Machtkämpfe aufhören, kann die Antwort der Beziehung so überraschend ausfallen, wie eine Frau das erzählt:

> *Jetzt erst, seit wir auch räumlich getrennt beziehungsweise im Begriff dazu sind, er zieht langsam aus, jeden Abend komme ich nach Hause, und es fehlen Sachen, und je mehr Sachen gehen, desto näher kommen wir uns wieder. Es ist so viel Trauer da, aber es entsteht eine neue Form von Liebe, von der wir beide nicht wissen, was das ist.*

Es kommt aber selten zu solch extremen Situationen. Meist gelingt es den Partnern, ihre individuellen Veränderungen gegenseitig anzuerkennen, und dann lautet die Antwort nicht selten: Liebe. Sicherlich können Partner die Antwort ihrer Beziehung nicht festlegen. Keiner weiß, was passiert, wenn er sich als der zeigt, in den er sich verändert hat. Aber erstaunlicherweise haben Partner meist eine sehr hohe Akzeptanz für die Beziehung, die sich so ergibt. Diese Beziehung ist dann vielleicht nicht perfekt, sie bietet vielleicht nicht alles, was man sich wünscht, aber sie bietet das Wichtigste: *die Möglichkeit, darin als die Person aufzutreten und anerkannt zu sein, die man ist.* Und solch eine Beziehung ist erfahrungsgemäß wertvoll und wird nicht einfach für sonst noch vorhandene Wünsche und Sehnsüchte aufs Spiel gesetzt.

Sein Bestes tun

Damit bin ich am Ende der Schilderung dessen angekommen, was ich als Ausloten einer Beziehung bezeichne und was ich als den richtigen Ansatz zur Verbesserung von Beziehungen erachte. Diese Vorgehensweise hat mit einer zielgerichteten Manipulation nichts gemein. Sie gleicht vielmehr einer Forschungsreise. Statt zu gestalten, geht es darum, zu entdecken. Anstatt eine Beziehung an Vorgaben anzupassen, geht es darum, sie auf ihre Möglichkeiten hin zu erforschen. Auf diese Weise lassen sich die anfänglich erlebten Probleme einer Beziehung für deren Zukunft nutzen.

- Wenn zwei Partner über zu viel Distanz klagen, versucht man nicht, Nähe herzustellen, sondern sucht danach, was diese Distanz ihnen ermöglicht. Offenbar suchen sie etwas, das bisher nicht in ihrer Beziehung unterkommt.

- Wenn zwei Partner über zu wenig Sex klagen, schlägt man ihnen keine Übungen zur Sensibilisierung vor, sondern sucht danach, wer sich in welcher Hinsicht verweigert, um was nicht mehr machen oder ertragen zu müssen.
- Wenn zwei Partner Langeweile miteinander haben, entwickelt man keine neuen Ideen für die Freizeitgestaltung, sondern sucht danach, unter welchen Zwängen sie stehen, wobei sie nicht mehr mitspielen und woraus sie ausbrechen wollen.

Es sind stets unerwünschte Veränderungen, die eine Beziehung aus dem Gleichgewicht bringen. Aber gerade in diesen Veränderungen liegen die Hinweise, wie eine Beziehung fortgeführt werden kann. Wenn die Partner ihr Lot auswerfen, indem sie sich selbst offenbaren, wird ihre Beziehung in vielen Fällen neu belebt und gestärkt. Der Dreh- und Angelpunkt des Auslotens liegt darin, nach dem Sinn von Störungen zu suchen, statt den vermeintlichen Mangel beseitigen zu wollen.

Es macht also durchaus Sinn, sich mit seiner Beziehung zu befassen. Wenn Arbeit an der Beziehung auf die hier beschriebene Weise verstanden wird, dann habe ich gegen Beziehungsarbeit nichts einzuwenden, sondern halte sie für sinnvoll. Ich glaube zwar nicht, dass Partner ihre Beziehung in der Hand haben, aber ich halte auch nichts davon, die Hände in den Schoß zu legen. Partner können ihr Bestes tun, um ihre Beziehung zu erhalten, und die ihnen größtmögliche Bereitschaft dazu aufbringen.

Was aber, wenn Partner ihr Bestes getan haben? Wenn sie individuelle Veränderungen aufgegriffen und ihre Beziehung ausgelotet haben? Wenn jeder zeigt, wer er ist? Bekommen sie dann ihre Wunschbeziehung? Haben sie dann *alles* miteinander? Nein, das ist eher selten der Fall. Vielmehr bekommen sie eine klare Antwort von ihrer Beziehung. Die Beziehung wird dann oft «lebendiger» oder «offener», «intimer» oder «distanzierter», «leidenschaftlicher», «freundschaftlicher» oder «partnerschaftlicher», oder sie nimmt einen anderen Zustand ein.

Mit dieser Antwort haben die Partner die Möglichkeiten ihrer Beziehung erkannt; und es liegt nun an ihnen, ob sie ihre Beziehung wertschätzen und sich auf das einstellen wollen, was ihnen miteinander möglich ist. Das sind die Themen der nächsten Abschnitte.

LEBEN, WAS MAN MITEINANDER HAT

Sich auf die Beziehung einstellen

Was erfordert es, sich auf seine Beziehung einzustellen und letztendlich das miteinander zu leben, was miteinander möglich ist? Ich meine, dass dazu vor allem eine Voraussetzung nötig ist: die Abwendung von überzogenen Vorstellungen. Vielleicht haben Sie aufgrund der bisherigen Darstellungen schon Zweifel an der Umsetzbarkeit des AMEFI-Ideals bekommen, vielleicht hängen Sie aber auch weiter an dieser schönen Vorstellung. Das wäre zwar nachvollziehbar, aber um dem Ideal gerecht zu werden, müssten Sie in der Lage sein, die Bedingungen der drei Liebesformen gleichermaßen zu erfüllen.

Die Bedingungen der drei Liebesformen

Schauen wir uns dazu an, welche Bedingungen eine bestimmte Beziehungsform an die Partner stellt. Mit einer Bedingung ist das spezifische Verhalten gemeint, das Partner zeigen müssten, um eine partnerschaftliche, freundschaftliche oder leidenschaftliche Liebe miteinander zu haben.

Die Bedingungen der Partnerliebe sagen: Finde jemanden, der den gleichen Lebenstraum hat wie du. Jemanden, der eine Familie gründen will, der eine Alltagsbegleitung sucht oder der ein anderes großes Vorhaben durchführen möchte, zu dem er auf einen nahen, liebenden Partner angewiesen ist. Führe dieses Projekt mit ihm durch und sei dabei verlässlich, berechenbar und verhandlungsbereit. Achte darauf, dass die *Leistungen* beider Partner als gleichwertig empfunden werden. Begleite den anderen durch alle Höhen und Tiefen dieser Entwicklung und erweise dem Partner deine *sorgende Liebe.*

Die Bedingungen der freundschaftliche Liebe sagen: Finde jemanden, von dessen Wesen du berührt bist, dessen Art dir Inspiration und Anregung ist und der dir gegenüber die gleichen intensiven Empfindungen aufbringt. Jemand, der gleiche Interessen und ähnliche Lebenseinstellungen hat und mit dem du besondere Erlebnisse teilen kannst. Bleibe diesem Menschen ein Leben lang derart zugeneigt, bestätige ihn und fördere seine Entwicklung. Bleib interessiert an ihm. Sorge dafür, dass ihr euch durch alle wechselnden Umstände hindurch *Gutes tut.*

Die Bedingungen der emotional/leidenschaftlichen Liebe sagen: Verliebe dich in einen Partner, der sich in dich verliebt. Stehe zu deiner Individualität, so wie dein Partner zu sich stehen muss. Gib ihm das Gefühl, mit allen seinen Seiten als ganze Person geliebt zu werden. Achte darauf, dass ihr durch wechselnde Umstände hindurch füreinander interessant und anziehend, also *unterschiedlich* bleibt. Sorge dafür, dass du den Partner dauerhaft sexuell begehrst.

Wer sich vornimmt, all diese Bedingungen in der Beziehung zu einem Partner zu erfüllen, der hat sich einiges vorgenommen. Die ersehnte Verbindung der drei Liebesformen wäre kein derart großes Problem, wenn sie wie ein physikalischer Vorgang funktionieren könnte. Wer beispielsweise die Flüssigkeiten Tee, Milch und Tinte zusammenschüttet, erhält eine farbige Flüssigkeit, in der sich vorher getrennte Bestandteile vollständig miteinander vermischt haben. Doch bei der Vermischung der Liebesformen entsteht keine solche Verbindung. Hier wird Milch mit Säure und Eiweiß verrührt; und heraus kommt keine Flüssigkeit, sondern etwas Flüssiges mit Flocken und Brocken darin. Die einzelnen Bestandteile dieser Mixtur vertragen sich nämlich nicht besonders gut miteinander. Es scheint vielmehr, dass sie voneinander getrennt sein wollen.

Beispielsweise werden in der partnerschaftlichen Liebe Vereinbarungen gebraucht, die der leidenschaftlichen Liebe schaden. Partner können problemlos vereinbaren: «Du kümmerst dich um die Autos, ich putze die Wohnung.» Erwarten sie aber unausgesprochen etwas Ähnliches in der leidenschaftlichen Liebe – nämlich den Austausch von Leistungen nach dem Motto «Dienstags begehre ich dich, sonntags begehrst du mich» –, mag der Anspruch eine Weile durchzuhalten sein, doch dann zieht sich das Begehren zurück, und die Partner werfen sich gegenseitig Vertragsbruch vor. Hier kommt es zu einer Vermischung der Liebesformen. Man geht mit der Leidenschaft so um, wie mit der Partner-

175   *Leben, was man miteinander hat*

schaft umgegangen wird, und beschädigt damit die leidenschaftliche Beziehung. Der Schlüsselpunkt hierbei sind der rücksichtsvolle Umgang miteinander und die Kompromissbereitschaft, die in Partnerschaften gebraucht werden und gleichzeitig die Liebesbeziehung dämpfen.

Das Paradebeispiel dafür, wie sich partnerschaftlicher Umgang miteinander auf die leidenschaftliche Liebe auswirkt, geben Partner, die miteinander Kinder in die Welt setzen. Dadurch stärken sie ihre partnerschaftliche Bindung. Das geschieht auf Kosten der leidenschaftlichen Bindung, schon weil die Kräfte der Partner begrenzt sind und Intensität nicht dauernd auf allen Gebieten stattfinden kann. Die Häufigkeit und Bedeutung erotischer Begegnungen nehmen mit der Elternschaft meist ab, während die partnerschaftliche Verbindung an Bedeutung gewinnt. Diese Paare machen nichts falsch. Es ist für sie einfach wichtiger, sich aufeinander verlassen zu können und die jeweilige Rolle im Aufgabenfeld Partnerschaft einzunehmen, als unbedingt die Leidenschaft miteinander zu pflegen. Dass sie miteinander wenig Leidenschaft haben, bedeutet nicht, sie würden diese nicht vermissen.

Sollen Komplikationen aufgrund der Vermischung der Liebesformen vermieden werden, müssen die Liebesformen relativ getrennt voneinander gehandhabt werden. Wer sich als vorbildlicher Partner verhält, der dürfte dafür keine leidenschaftliche Nacht mit dem Partner erwarten. Tut er das doch, schafft er Probleme. Und wer eine leidenschaftliche Nacht mit dem Partner erlebt hat, der dürfte nicht erwarten, dass dieser seinen Teil der Hausarbeit macht. Tut er es doch, schafft er Probleme. Auch wer dem Partner ein guter Freund ist, dürfte dafür weder Begehren noch partnerschaftliche

Leistungen verlangen. Tut er es doch, schafft er Probleme. Die zahlreichen Probleme in den meisten Beziehungen weisen darauf hin, dass diese Vermischung der Liebesformen unter dem Anspruch einer AMEFI-Beziehung offenbar unvermeidlich ist.

Als Freund würden Sie Ihrem Partner beispielsweise anvertrauen, mit welcher anderen Frau oder welchem anderen Mann Sie gerne einmal Sex hätten. Als Partner ersparen Sie ihm diese indiskrete Mitteilung, um Unsicherheiten hinsichtlich Ihrer Verlässlichkeit im Familienprojekt zu vermeiden. Als Liebespartner leugnen Sie ihm gegenüber diesen Wunsch vehement, stattdessen vermitteln Sie ihm möglichst glaubhaft, er sei der einzig begehrenswerte Mensch für Sie. Wie können Sie unter diesen Bedingungen zugleich Freund, Lebenspartner und Liebespartner füreinander sein? Nur schwer, und nicht frei von Beeinträchtigung.

Die Bedingungen von Liebe und Partnerschaft beeinträchtigen sich unvermeidbar, aber das ist nicht alles. Darüber hinaus beißen sie sich sogar. Die Liebe ist egoistisch, die Partnerschaft verlässlich, und die Freundschaft dient an. Das kommt sich oft in die Quere. Stellen Sie sich dazu folgende nicht alltägliche Situation vor: Ihr Partner hat sich in jemand anderen verliebt und will diesen ab und an zu einer leidenschaftlichen Begegnung treffen. Er informiert Sie nun in aller Offenheit über seine Absicht. Wie verhalten Sie sich jetzt?

Als Liebespartner lehnen Sie das Ansinnen empört ab, weil Sie eifersüchtig und egoistisch sind und das Begehren des Partners ganz für sich, für ihr eigenes Bedürfnis nach Bestätigung, haben wollen. Als Lebenspartner zeigen Sie sich skeptisch, aber verhandlungsbereit und sichern Ihre

177   *Leben, was man miteinander hat*

Position ab. Am Ende der Verhandlungen sagen Sie: «Ich bin einverstanden, solange du deine Familienpflichten erfüllst. Was du Dienstagabend machst, ist mir egal, solange du dafür nicht das Konto plünderst und zurückkommst.» Als Freund gehen Sie noch einen Schritt weiter. Sie sind begeistert und fordern Ihren Partner zu seiner Tat geradezu auf. Sie sagen: «Wenn es dir guttut, mach das. Ich freue mich für dich. Du sollst diese Erfahrung machen.» Und was tun Sie als moderner Anhänger der AMEFI-Vorstellung? Sie suchen eine Eheberatung auf und arbeiten daran, dass Ihr Partner seinen Wunsch aufgibt und alles mit Ihnen hat und Sie alles mit ihm.

Das Beispiel ist, zugegeben, etwas krass konstruiert, aber das macht die Zwickmühle deutlich, in der Sie als Beziehungspartner stecken. Wie immer Sie sich entscheiden, ob Sie als Partner, Freund oder Liebhaber auftreten, in jedem Fall werden die anderen Liebesformen von Ihrem Verhalten beeinträchtigt werden und unter Umständen sogar Schaden nehmen. Sie können Ihrem Partner sagen: «Bei aller Freundschaft, das geht zu weit, ich fordere Treue», aber dann sind Sie eben kein guter Freund. Sie können sagen: «Mach es, ich gönne es dir», und dennoch vor Eifersucht derart gequält sein, dass Sie innerlich Abstand vom Partner nehmen. Sie können sagen: «Hauptsache, du kommst wieder», und dennoch erhalten Sie keine Sicherheit, weil der Partner doch wegbleiben könnte.

Die hier beschriebene Zwickmühle ist keineswegs konstruiert, sie ist sehr real, wie die Zuschrift eines Mannes zeigt, der meine Online-Beratung in Anspruch nahm, weil seine Frau sich nach 28 Jahren Ehe auf einen Liebhaber eingelassen hatte. Er schrieb:

178 LEBT DIE LIEBE, DIE IHR HABT

*Das Gespräch mit meiner Frau am Samstag war
sehr gut, fast zu gut. Verständnisvoll, sachlich,
beiderseits. Sie sagt, zum ersten Mal in ihrem
Leben «Schmetterlinge» im Bauch zu haben. Dazu
habe ich ihr ehrlich gratuliert, aber natürlich mit
eigener maximaler Enttäuschung.*

Die Gratulation war von freundschaftlicher Liebe getragen,
die emotionale Enttäuschung ergab sich aus der Liebesbeziehung des Mannes zu seiner Frau. Diese beiden Liebesmotive
beißen und behindern sich gegenseitig.

Damit zeigt sich hinsichtlich des Verhältnisses der drei
Liebesformen eine Besonderheit. Wenn Sie in einem der
drei Bereiche etwas richtig machen, profitieren die anderen
Bereiche davon nicht. Machen Sie aber in einem der Bereiche
etwas falsch, wirkt sich das negativ auf die anderen Bereiche
aus.

Die Liebesformen fördern sich nicht unbedingt,
aber sie können sich durchaus gegenseitig beschädigen.

Eine gute Partnerschaft führt nicht zu mehr Leidenschaft.
Aber eine schlechte Partnerschaft führt zu weniger Leidenschaft. Dass Sie *keine* Schulden machen, fördert das Begehren nicht. Aber *wenn* Sie eigenmächtig Schulden machen,
ist der Partner derart sauer auf Sie, dass er keine Lust auf Sexualität hat. Es fördert eine Partnerschaft nicht, wenn die
Partner gute Freunde füreinander sind. Nur weil sie gemeinsame Freizeitinteressen haben, werden sie in Dingen der Lebensbewältigung nicht gleicher Auffassung sein. Aber eine

179   *Leben, was man miteinander hat*

schlechte Freundschaft kann eine Partnerschaft zerstören, weil der andere sich dann zurückzieht.

Die Vermischung der Liebesformen, die aus dem Anspruch entsteht, alles füreinander zu sein, bringt zahllose Komplikationen mit sich. Gleichzeitig ist diese Vermischung in der Nähe der AMEFI-Beziehung unausweichlich, ihren Folgen können die Partner nicht entgehen. Daran ändern auch die Empfehlungen mancher Paartherapeuten nichts, in denen die Liebesmotive ebenfalls vermischt werden. Wie im folgenden Zitat eines Paartherapeuten, der im Interview sagte:

> Wichtig ist, sich klarzumachen, dass Liebe allein auf Dauer nicht genügt. Beide müssen in die Partnerschaft investieren, zu gleichen Teilen, wie in ein Wirtschaftsunternehmen ... [ein gutes Team zu sein] ist bereits sehr viel. Eine Liebesbeziehung wird im Alltag geführt, auf der Erde, nicht im Himmel.[12]

Hier wird ein partnerschaftliches Motiv mit einem Liebesmotiv gleichgesetzt. Die Liebesbeziehung findet aber sehr wohl im Himmel (der Vereinigungsgefühle) statt, nur die Partnerschaft wird auf der Erde geführt. Wer das nicht auseinanderhält, kann leicht in Verwirrung geraten. Wer die Partnerschaft verbessert, stärkt eben nur die partnerschaftliche Liebe und trägt durch die wachsende Harmonie ungewollt zum Abbau leidenschaftlicher Spannung bei. Ein anderer Paarspezialist vermischt die Liebesformen ebenfalls miteinander, indem er sagt:

*Die Liebe ist auch ein Vertrag, dem der andere zu-
stimmen muss. Er sollte Ihnen spätestens nach vier
Wochen deutlich sagen, dass er ernsthaft an einer
Beziehung interessiert ist.*[13]

Das ist leicht gesagt, aber schwer getan. Was, wenn der
Partner nach vier Wochen keine Bindungserklärung abgibt?
Lässt dann die Liebe zu ihm nach? Stellt man dann seine Gefühle ab und kappt die Verbindung trotz aller Verliebtheit?
Wie viele Beziehungen gibt es, in denen die Partner erst
nach Monaten oder manchmal nach Jahren zueinanderfan-
den? Kann man Liebe überhaupt mit dem Begriff «Vertrag»
in Verbindung bringen? Sicherlich, aber eben nur die partnerschaftliche Liebe und nicht die leidenschaftliche Liebe.
Paarbeziehungen sind heute komplizierter denn je, und ihre
inneren Widersprüche lassen sich weder leugnen noch auf-
lösen, auch nicht dadurch, dass die unterschiedlichen Bedingungen der Liebesformen vernebelt werden.

Die AMEFI-Vorstellung fordert: Seid alles füreinander,
Liebende, Partner und Freunde! Wem dies gelänge, der
wäre mit allen drei Beziehungsformen versorgt und dessen
Beziehungsleben ließe keinen Wunsch offen. Der wäre in
menschlichen Belangen rundum zufrieden und glücklich.
Doch wer wollte ernsthaft behaupten, er könne seinem Partner und dieser könne ihm all das sein, Lebensbegleiter, Liebhaber und Freund, in hoher Qualität auf Dauer? Wer trotz
dieser Umstände und der Schwierigkeit, die Bedingungen
aller drei Liebesformen zu erfüllen, am AMEFI-Ideal fest-
hält, der verlangt von seiner Beziehung oft Unmögliches.

Unmögliches von der Beziehung verlangen

Bringen wir es auf den Punkt. Bedeutet die Tatsache, dass zwei einander gute Liebhaber sind, tatsächlich auch, dass sie einander gute Partner sein können? Bedeutet die Tatsache, dass zwei einander gute Freunde sind, tatsächlich auch, dass sie einander gute Liebhaber sein müssen? Bedeutet die Tatsache, dass zwei einander gute Partner sind, tatsächlich auch, dass sie als Freunde füreinander taugen? Und vor allem: Bedeutet es das *auf Dauer*? Müssen in einer Beziehung alle drei Liebesbereiche abgedeckt sein, und das womöglich noch gleichwertig? Wer das glaubt, der verlangt von seiner Beziehung zu viel. Ein Mann schreibt:

> Ich bin seit 4 Jahren verheiratet, wir haben ein Kind. Seit 2 Jahren habe ich eine Nebenbeziehung, von der meine Frau nichts weiß. Momentan denke ich über eine Trennung nach, von beiden Partnern. Ich weiß aber nicht, wie ich die wesentlichen Dinge ansprechen soll, das hat zwischen uns nie funktioniert und immer zu Streit geführt. Wie komme ich mit meiner Frau ins Gespräch, damit uns eine faire Trennung gelingt?

Dieser Mann hat eine funktionierende Partnerschaft und eine funktionierende Nebenbeziehung. Nun will er sich von beiden Frauen trennen, obwohl man glauben sollte, er hätte fast alles, wenn auch mit verschiedenen Partnern. Er möchte sich «fair» trennen, also in Freundschaft. Das zeigt, dass ihm die freundschaftliche, von Akzeptanz und Verständnis getragene Liebe fehlt. Ihm fehlen Gespräche über wesentliche Dinge, über seine wahre Befindlichkeit, seinen Seelenzustand, seine Träume und seine Sehnsüchte. Die Ehrlichkeit, Offenheit und das Interesse am Wesen des Partners, die eine freundschaftliche Beziehung erfordern, haben zwischen den Eheleuten «nie funktioniert»; und offensichtlich ist sie auch in der Nebenbeziehung nicht vorhanden.

Warum ist es in der Ehe immer dann zu Streit gekommen, wenn die wesentlichen Dinge angesprochen wurden? Oberflächlich gesehen könnte man Kommunikationsprobleme dafür verantwortlich machen. Dann hätten die Partner Streit, weil sie nicht richtig miteinander reden können. Wahrscheinlicher scheint, dass die Partner nicht richtig miteinander reden können, weil ihre Lebenseinstellungen nicht zueinander passen. Anstatt die Unterschiede zu sehen, haben sie darüber gestritten, wer richtige und wer falsche Einstellungen und Interessen hat. Diese Unterschiede wurden im Rausch der Sinne und der frühzeitigen Familienplanung ignoriert, jetzt treten sie hervor. Was wäre geschehen, wenn diese Offenheit von Anfang an da gewesen wäre? Wahrscheinlich wäre das Trennende dann gleich deutlich geworden, und die Beziehung hätte schneller ihr Ende gefunden.

Was bleibt den Partnern? Sie könnten sich zusammensetzen und einander eingestehen, dass sie weder eine gute freundschaftliche Beziehung noch eine große Leidenschaft miteinander verbindet. Es ist vor allem Partnerschaft entstanden. Dieses Eingeständnis wäre ein erster Akt freundschaftlicher Liebe und gegenseitiger Anerkennung, in dem jeder sein Wesen offenbaren kann. Vielleicht verändert die Selbstoffenbarung ihre Beziehung, und es entsteht eine andere Form der Nähe. Vielleicht aber ist das, was zusammenkommt, dennoch zu wenig. Selbst wenn sie dann im Guten auseinandergehen, könnten sie ihrem Kind weiterhin Eltern sein.

Man mag von der Beziehung Freundschaft erwarten und sich selbst nicht als Freund verhalten, wie der Mann in diesem Beispiel es tut. Dennoch steht nicht fest, dass der andere allein dadurch, dass man ihm Freundschaft anbietet, mit freundschaftlicher Liebe antwortet. Was nicht zusammenkommt, das lässt sich nicht erzwingen. Man sollte von einer Beziehung nichts Unmögliches erwarten, wie auch das nächste Beispiel zeigt.

Es handelt sich um eine 32-jährige Frau und ihren 38-jährigen Freund. Die beiden waren lange auf der Suche nach einer anhaltenden Beziehung. Nun haben sie sich schwer ineinander verliebt und sprechen davon, «endlich angekommen» zu sein. Offenbar hat sich auf jeder Seite eine tiefe Sehnsucht erfüllt. Doch bleibt das auf Dauer so? Passen die Partner wirklich so gut zusammen? Sie ziehen nach einem Jahr in eine gemeinsame Wohnung, und damit fangen die Probleme an, die sich vor allem um die Alltagsorganisation und die Freizeitgestaltung drehen. Das Gefühl, «angekommen» zu sein, weicht allmählich dem Gefühl, verlassen zu sein.

Doch wo glaubten die Partner angekommen zu sein? Am Ziel geheimster Wünsche, ohne diese Wünsche konkret benennen zu können. Die damit verbundenen Erwartungen wurden erst im Zusammenleben allmählich deutlich. Die Frau beklagt sich nach einer Weile, nicht wie am Anfang begehrt zu werden, und sie klagt ihren Freund an. Offenbar bedeutete «angekommen sein» für sie, dauerhaft begehrt und bestätigt zu werden. Ihr Freund zieht sich in sich zurück. Er

184 LEBT DIE LIEBE, DIE IHR HABT

betont, die alltägliche Nähe zu dieser Frau würde sein Begehren ersticken. Er käme einfach nicht gegen sie an. «Diese Kämpfe, diese Vorschriften, das habe ich oft genug gehabt, das muss ich nicht noch einmal haben», meint er und fordert, die gemeinsame Wohnung aufzulösen. Offensichtlich bedeutete «angekommen sein» für ihn, in seiner Wesensart akzeptiert zu werden.

Was nun? Obwohl die beiden in der Beratung zu einer funktionierenden Kommunikation gelangen, gehen sie nicht aufeinander zu. Die Beziehung kann die Erwartungen des einen Partners nicht erfüllen, weil der andere nicht mitspielt, und dieser kann nicht mitspielen, weil er andere Bedürfnisse hat, weil er eine andere Liebesform sucht und anbietet. Es macht keinen Sinn, von dieser Beziehung etwas zu erwarten, das sie nicht geben kann.

Wenn Partner realisieren, dass ihre Beziehung nicht alles gibt, halten sie meist nicht etwa ihre Erwartungen für überzogen, sondern sie halten ihre Beziehung für unzureichend. Dadurch laufen sie Gefahr, die Beziehung abzuwerten, bevor es zu einer Anerkennung dessen gekommen ist, was miteinander möglich ist.

Anerkennen, was miteinander möglich ist

Meiner Ansicht nach enden viele Beziehungen deshalb, weil zu viel von ihnen verlangt wird. Die endlosen Kämpfe um mehr – mehr Partnerschaftlichkeit, mehr Leidenschaft, mehr Freundschaft – führen ihr Ende herbei. Die Beziehung soll alles sein: Ort der Leidenschaft, innere Heimat, Lebenssicherung. Sie soll allen Bedürfnissen und Interessen dienen, sie soll Sinn stiften, Anregung liefern und durch alle Höhen und Tiefen hindurch Sicherheit auf der einen und Lebendigkeit auf der anderen Seite gewährleisten. Mit derart hohen Ansprüchen tut man guten Beziehungen unrecht.

Wenn jeder sein Bestes getan hat und tut und feststellt, zwar viel, aber nicht alles mit dem Partner zu haben, dann ist es an der Zeit, die Beziehung anzuerkennen. So wie das eine 32-jährige Frau im folgenden Beispiel beschreibt.

Ich habe immer versucht, mich in meiner Beziehung wohlzufühlen und meine Erwartungen darin zu erfüllen. Ich brauchte Anerkennung, Bewunderung, Zuneigung. Mein Partner sollte mir offensiv zeigen, dass er mich vergöttert. So wie früher, als ein Mann nach der Theaterpremiere vor mir auf die Füße fiel und sagte: Du bist die Frau meines Lebens! Wenn ein Mann mir während eines Essens in einem guten Restaurant von einem Kurier einen Blumenstrauß bringen ließ. Wenn ein Mann mir ein Buch mit leeren Seiten schenkte, auf dem stand: Dinge, die ich an meiner Frau nicht mag. Ich wollte unbedingt eine romantische Beziehung, die nie zu Ende gehen sollte, aber ich wollte auch ein gemeinsames Leben. Leider hielten diese Beziehungen nie lange an. Irgendwann flaute die Romantik ab, und dann habe ich mich getrennt. Mit meinem jetzigen Freund bin ich seit vier Jahren zusammen. Ich wollte mich nicht mehr trennen und habe nach und nach begriffen, dass uns nicht ein ständiger Rausch verbindet, sondern dass eine wachsende Vertrautheit entstanden ist,

die mir viel bedeutet, und gelegentlich flackert
auch die Leidenschaft auf. Dafür darf ich mich
aber nicht an ihn hängen, sondern muss akzep-
tieren, dass es Phasen des Alleinseins gibt, bei uns
beiden. Es tut uns nicht gut, zu viel voneinander zu
verlangen, das weiß ich jetzt.

Diese Frau hatte dauerhafte Leidenschaft erwartet, wenn eine Beziehung das nicht hergab, trennte sie sich. Jetzt erkennt sie an, was miteinander entsteht und was auf Dauer möglich ist, und kann die Beziehung dadurch erhalten.

Manches ist miteinander möglich, anderes nicht; und die Gründe dafür sind oft schleierhaft. Nie wird ganz klar, ob sie bei einem oder dem anderen oder beiden Partnern oder einer fehlenden Passung zu suchen sind. Eine Frau verzweifelte an ihrem Partner, bis sie die Beziehung akzeptierte. Sie schrieb:

Er ist ein guter Kamerad, hat viel Verständnis für
mich und setzt mich nie unter Druck. Wir haben
auch eine gute erotische Verbindung, aber er ist ein
absoluter Drückeberger. Ständig verspricht er mir,
Dinge zu tun, die dann doch nicht klappen. Seit
2 Jahren suchen wir eine Wohnung, aber es funk-
tioniert nicht. Mal ist sie zu groß, dann zu klein,
dann liegt sie im falschen Stadtteil. Ich hege schon
lange den Verdacht, dass er im Grunde gar nicht
mit mir zusammenwohnen will. Jetzt habe ich
aufgehört, für ihn mitzudenken, und nehme die
Beziehung, wie sie ist.

Diese Partner kommen auf dem Gebiet der Partnerschaft nicht zusammen. Sie wünscht sich einen Alltagspartner, ohne klar zu sehen, dass nicht nur er, sondern auch sie die Bedingungen einer partnerschaftlichen Alltagsbeziehung nicht erfüllt. Der Mann, indem er sich um Vereinbarungen drückt, die Frau, indem sie Druck macht. Sie sagt beispielsweise «*Wir* suchen eine Wohnung», obwohl nur sie das wollte und tat. Wie würde sie sich als Partnerin verhalten? Sie würde ihm ein Angebot machen, vielleicht sagen: «Wenn du eine Wohnung mit mir willst, musst du dich an der Suche beteiligen.» Stattdessen bemühte sie sich «aus Liebe» und wurde immer frustrierter. Erst als sie erkennt, dass sie im partnerschaftlichen Bereich nicht zusammenkommen, stellt sie sich auf die Beziehung ein und akzeptiert die Freundschaft (guter Kamerad) und Liebe (gute erotische Verbindung).

Wenn eine Beziehung nicht alles gibt, liegt die Suche nach dem Schuldigen nahe. An wem liegt es? Wer müsste (wenn er könnte) sein Verhalten ändern? Zwar reicht es schon, wenn *einer* der Partner die Freundschaft oder die Partnerschaft oder das Begehren nicht aufbringt, um eine entsprechende Beziehung unmöglich zu machen. Deshalb muss das aber nicht an ihm allein liegen. Ebenso kann seine Reaktion bereits eine Reaktion auf den Partner sein. Möglich ist ebenfalls, dass sein Verhalten von früheren Lebenserfahrungen bestimmt wird. So oder so läuft es auf das Gleiche hinaus: Mit jemandem, der keine Partnerschaft will, ist keine Partnerschaft möglich. Mit jemandem, der ein Begehren nicht erwidert, ist keine Liebesbeziehung möglich. Mit jemandem, der nicht zu einem hält, ist keine tiefe Freundschaft möglich.

Ich habe oft in der Beratung sinngemäß die Aussage gehört: «Ich brauche keinen, der mir das Händchen hält und mich durch den Alltag begleitet, ich brauche jemanden, dem ich begegnen kann und der mich liebt.» Wer so etwas sagt, ist nicht auf der Suche nach einer Alltagsbegleitung, sondern nach Intensität und Freundschaft und der ist nicht unbedingt zu einer Partnerschaft bereit. Macht solch ein Partner etwas falsch? Liebt er nicht genug, ist sein Bindungsstil unsicher? Ich meine, er liebt auf seine Weise, so wie das jeder Mensch tut.

Wer erkennt, was mit seinem Partner möglich ist und was nicht zusammenkommt, und wer sich dann auf diese Beziehung einstellt, mag eine gewisse Desillusionierung erleben. Unerwarteterweise kann diese jedoch einen großen Gewinn mit sich bringen.

Vom Wert der Desillusionierung

Ideale wie das AMEFI-Ideal werden nie erreicht, aber sie dienen als Wegweiser. Sie helfen dabei, sich mit seiner Beziehung zu befassen und sein Bestmögliches zu tun, wozu auch gehören kann, Bücher über Partnerschaft zu lesen, an sich selbst zu arbeiten[14] oder eine Paarberatung aufzusuchen. Insofern kann die AMEFI-Vorstellung nützlich sein. Doch irgendwann ist es Zeit, das Ideal vom richtigen Partner oder von der vollkommenen Beziehung aufzugeben.

Ich habe mir alle Mühe gegeben, das AMEFI-Ideal zu ramponieren und den LeserInnen diesbezügliche Illusionen zu rauben. Das gilt sowohl für das AMEFI-Ideal der Laien, die sich eine Verlängerung der verliebten Liebe versprechen, als für das AMEFI-Ideal der Fachleute, die sich die perfekte Beziehung von der Arbeit an der Liebe versprechen.

Mit dem Vorwurf, ich würde Desillusionierung betreiben, kann ich indes gut leben. Ich glaube nämlich nicht, dass sich jemand Illusionen rauben lässt, die er dringend braucht. Würde ich einem frisch Verliebten klarmachen wollen, dass diese Gefühle nicht ewig halten, er würde mich auslachen; und das mit Recht. Würde ich jemandem, der an die grenzenlosen Möglichkeiten einer Arbeit an der Liebe glaubt, erklären wollen, dass Liebe dem Willen nicht zur Verfügung steht, er würde das mit dem Recht desjenigen abstreiten, der meint, noch nicht alles versucht zu haben.

Wie sieht es aber bei denjenigen Partnern aus, die sich nach mehreren Anläufen ernsthaft die Frage nach der Dauer einer Beziehung stellen? Die sich nicht schon wieder trennen wollen, nur weil ihre ansonsten gute Beziehung den einen oder anderen Wunsch nicht erfüllt? Ich meine, diese Menschen machen sich mit ihren Erwartungen das Leben schwer und brauchen dringend Desillusionierung. Wer an den Grenzen der Machbarkeit und seiner Bereitschaft gekommen ist, wer sich an seinen Idealen abgearbeitet hat, wer die zweite, dritte oder vierte Beziehung nicht an seine Erwartungen anzupassen vermochte, der mag bereit sein, sich auf die Möglichkeiten seiner Beziehung einzustellen.

Dann gerät eine Desillusionierung zur Befreiung von der Last des AMEFI-Ideals.

So wie das zahlreiche Zuschriften ausdrücken, die mich auf mein Buch *Fünf Lügen, die Liebe betreffend* per E-Mail erreichten und von denen ich hier nur einige zitieren will.

*Ihre Aussagen haben mich sehr angesprochen,
ich dachte, Sie reden über uns. Seit gestern bin ich
irgendwie erleichtert. Bisher dachte ich, wenn sich
nicht bald etwas ändert, ist unsere Beziehung zum
Scheitern verurteilt. Jetzt kann ich das lockerer
sehen.*

*Meine zukünftige Frau hat sich seit fast einem Jahr
nicht mehr sexuell für mich geöffnet. Darüber zu
reden ändert auch nichts daran, und alle Mühe hat
bisher nichts genutzt. Bisher war ich der Meinung,
dass es einen Grund dafür geben muss! Nun
begreife ich langsam, dass zwei Menschen sexuell
ganz verschiedene Bedürfnisse haben können.*

*Ihr Buch habe ich mit Freude und Gewinn gelesen.
Meine Ehe kommt mir nun längst nicht mehr so
düster und hoffnungslos vor. Ich bin 48 Jahre alt,
Arzt, seit 20 Jahren verheiratet, drei Kinder.*

Was ist in diesen Fällen geschehen? Zweifellos haben hier
belastende Wunsch- und Idealvorstellungen bestanden, zu
deren «Dekonstruktion» mein Buch beigetragen hat. Diese
aufzugeben hat die Sicht der Partner auf ihre Beziehung verändert. Sie schauen jetzt mit anderen Augen darauf, und
dieselbe Beziehung erscheint in einem anderen Licht. Die
Beziehung selbst ist unverändert, ihre Bewertung aber sehr
verändert. Sie wird geschätzt.

Die eigene Beziehung
wertschätzen

Ich werde von Journalisten oft gefragt, was zwischen Männern und Frauen möglich sei, welches die wahre Form der Liebe sei und was Partner tun müssten, um diese zu verwirklichen. Meine Antwort lautet in jedem Fall: «Von welchem Mann und von welcher Frau sprechen Sie?» Unter heutigen Lebensumständen kann die Frage, wie Beziehungen beschaffen sein sollen und worauf sich die Liebe stützen soll, nicht mehr pauschal beantwortet werden. Vorgegebene Beziehungsentwürfe waren vielleicht in Zeiten sinnvoll, als Paarbeziehungen noch nicht auf Gefühlen beruhten und reine Versorgungs-Partnerschaften gelebt wurden. Heute jedoch ist eine Beziehung die Privatangelegenheit der Menschen, die sie führen. Die Liebe zu Beginn des 3. Jahrtausends stellt eine Liebe der Individuen dar, eine ganz persönliche Verbindung zweier Menschen.[15]

> Die einzig zulässige Frage lautet demnach: Was ist *diesen beiden* Menschen in *dieser* Phase ihrer Beziehung unter *diesen* äußeren und inneren Umständen miteinander möglich?

Ist ihnen eine partnerschaftliche Liebe möglich? Oder eine leidenschaftliche? Oder eine freundschaftliche? Oder – wie es meist der Fall ist – welche spezifische Mischung der Liebesformen ergibt sich in ihrer Beziehung? Wenn Partner die Suche nach der perfekten Beziehung aufgeben und sich entschließen, das miteinander zu leben, was sie miteinander haben, entdecken sie die Form ihrer ganz spezifischen Liebe. Dann können Sie beispielsweise sagen:

«Leidenschaft ist nicht unser Ding und war es nie. Wir sind vorwiegend geistig miteinander verbunden.»

«Wir sind ein tolles Team und haben ein großes Herz füreinander, aber sexuell passen wir nicht besonders gut zusammen.»

«Bei uns funktioniert es im Bett gut, aber nicht im Alltag.»

«Uns ist das Zusammensein am wichtigsten. Dafür nehmen wir einiges in Kauf.»

Diese Aussagen sind plakativ. In der Praxis wird jedes Paar eigene Worte finden, um seine Beziehung zu beschreiben. Dabei kommen sehr unterschiedliche Bezeichnungen für Beziehungen zustande, wie die folgende kleine Sammlung aus meiner Beratungspraxis zeigt:

- «innige Beziehung mit gelegentlichem erotischem Beigeschmack»
- «brennend leidenschaftliche Beziehung»
- «sehr wechselhafte, unberechenbare Beziehung»
- «harmonische, sanft-liebevolle Beziehung»
- «freundlich zugewandte Beziehung»
- «vertrauensvolle, innige Beziehung»
- «verlässliche Herzensbeziehung»
- «gutes Team mit tiefer Herzensbindung»
- «spannungsvoll sexuelle Beziehung»

Mit einem solchen oder anderslautenden Namen zeigt sich, dass die Stärken der jeweiligen Beziehung anerkannt sind. Die Beziehung ist so. Sie bietet viel, aber nicht alles. Vielmehr hat sie einen spezifischen Schwerpunkt. Dieser Schwerpunkt mag in der partnerschaftlichen, der freundschaftlichen oder der leidenschaftliche Liebe liegen oder irgendwo dazwischen. Das ist von Paar zu Paar verschieden, denn keine der Millionen Paarbeziehungen in diesem Land ist mit einer anderen identisch.

Vom Schwerpunkt einer Beziehung

Der Schwerpunkt einer Beziehung wird selten allein auf einer der drei Liebesformen liegen und die beiden anderen völlig ausschließen. Zwar ist allen drei Bindungsmotiven die Liebe gemein, also das intensive Gefühl tiefer Verbundenheit, aber sie wird in unterschiedlicher Intensität erlebt. Die Partner können meist recht genau beschreiben, in welchem Bereich sie intensiver verbunden sind als in anderen. Dort liegt der Schwerpunkt ihrer Beziehung, der sich anhand eines Dreiecks gut darstellen lässt.

Vielleicht fragen Sie sich, wo der Schwerpunkt Ihrer Beziehung liegt. Wenn Sie ein kleines Experiment machen wollen, dann schneiden Sie ein Symbol für eine Beziehung aus (hier ist es die kleine Zeichnung, welche die beiden Partner und die zwischen ihnen liegende Beziehung darstellt) und platzieren Sie es im Beziehungsdreieck dort, wo Sie den Schwerpunkt Ihrer Beziehung sehen. Wenn Ihr Partner das gleiche Experiment macht, können Sie anschließend die beiden Bilder vergleichen. Darüber lässt sich dann wunderbar sprechen und wenn nötig auch streiten.

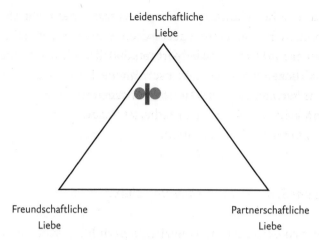

Eine Beziehung kann ihren Schwerpunkt im Dreieck der Liebesformen an jeder Stelle haben. Kämen die drei Liebesformen gleichwertig vor, würde der Schwerpunkt in der Mitte des Dreiecks liegen. Hier liegt der Schwerpunkt zwischen freundschaftlicher und leidenschaftlicher Liebe, aber näher an der leidenschaftlichen Liebe und weiter von der partnerschaftlichen Liebe entfernt.

Welchen Wert hat eine Beziehung?

In keiner Beziehung ist alles zu finden, und jede hat ihren Schwerpunkt an einer anderen Stelle. Das bedeutet auch, dass eine Beziehung bestimmte individuelle Bedürfnisse nicht oder nur teilweise erfüllen kann. Einige oder mehrere Wünsche oder Erwartungen bleiben offen und sind mit diesem Partner nicht oder nicht in der gewünschten Intensität und Qualität umsetzbar. Was fangen die Partner mit einer – auf die individuellen Bedürfnisse bezogen relativ unvollständigen – Beziehung an? Das hängt allein davon ab, welchen Wert sie ihrer Beziehung beimessen.

Im Grunde haben die Partner zwei Möglichkeiten. Entweder sie schätzen diese Beziehung als ungenügend oder sogar als wertlos ein, dann bewegen sie sich in Richtung Trennung. Oder sie halten ihre Beziehung dennoch für wertvoll. Dann ist sie akzeptabel, gut genug, gut, sehr gut oder wie immer die Partner den Grad ihrer Zufriedenheit mit der Beziehung markieren. In diesem Fall bleiben die Partner zusammen.

Kommt es zur Trennung, können Partner diese aus der Beziehungs-Perspektive heraus besser bewältigen als aus der Partner-Perspektive. Solange nämlich der richtige Partner gesucht wird, hat man entweder den falschen Partner gehabt, oder man war selbst ein falscher Partner. So oder so wird dann von Schuld gesprochen, bestenfalls wird Schuld verteilt, zu X Prozent auf den einen und zu Y Prozent auf den anderen Partner. Meine Erfahrung in fast 30 Jahren Paarberatung sagt mir aber, dass der Begriff der Schuld nur selten sinnvoll gebraucht werden kann. Er macht oft nur Sinn, wenn er sich auf strafrechtlich relevantes Verhalten bezieht. In den üblichen Paarkonflikten ist der Begriff des Anteils weitaus brauchbarer. Jeder Partner hat einen Anteil an der Beziehung, gleichgültig wie diese beschaffen ist, und dieser Anteil liegt im Grunde immer bei 50 Prozent, einfach deshalb, weil jeder Partner ein wie auch immer geartetes Spiel mitspielt.

Trennen sich Partner aufgrund ihrer Bewertung der Beziehung, anstatt Schuld zu verteilen, dann sagen sie beispielsweise: «Zwischen uns ist nicht mehr entstanden», oder: «Wir haben beim besten Willen das nicht miteinander hinbekommen, was ich brauche/du brauchst.» In eine solche Wertung fließen die Anteile beider am Beziehungsverlauf ein, und deshalb kann der Respekt voreinander erhalten bleiben. Es ist ein großer Unterschied, ob man mit der Botschaft auseinandergeht: «Du reichst nicht/du taugst nicht», beziehungsweise: «Ich reiche nicht/ich tauge nicht», oder: «Diese Beziehung reicht uns nicht.»

Wenn die (unbewusst) gemeinsam geschaffene Beziehung nicht ausreicht, kann jeder Partner seine Würde und Selbstachtung und auch die Achtung vor dem anderen behalten. Das ist besonders wichtig, wenn Kinder da sind. Denn auch wenn Eltern auseinandergehen, sind die Kinder für den Aufbau ihres Selbstwertes darauf angewiesen, dass die Eltern sich weiterhin gegenseitig achten und respektieren. Kinder müssen das Gefühl haben, aus Liebe entstanden zu sein und liebenswerte Eltern zu haben, wenn sie sich selbst lieben sollen. Dieses Gefühl können sie auch dann noch entwickeln, wenn die Liebe der Eltern bereits verflogen ist – solange sich die Eltern an ihre einstige Liebe frei von Schuld und Versagensgefühlen und mit Dankbarkeit erinnern.

Individuelle Wertmaßstäbe

Kommen Partner zu dem Ergebnis, dass ihre Beziehung wertvoll und erhaltenswert ist, bleiben sie in Liebe und Zufriedenheit zusammen. Welche Maßstäbe bieten sich für diese Wertung an? Dazu kommen allein individuelle Maßstäbe in Frage, die von den persönlichen Bedürfnissen der betreffenden Partner abhängen.

Lässt man 30 Partner darüber diskutieren, wann eine Beziehung Wert hat und wann nicht, wird man 30 verschiedene Antworten erhalten. Der eine kann sich nicht vorstellen, auf Sexualität zu verzichten, der andere hält diese für restlos überschätzt. Der eine schwärmt von gemeinsamen Unternehmungen, der andere findet getrennte Freundeskreise viel wichtiger. Der eine schwärmt davon, jede freie Minute mit dem Partner zu verbringen, der andere schwört, unter solch engen Umständen zu ersticken. Der eine hält eine gemeinsame Lebensplanung für unerlässlich, der andere will dem Partner frei von Hypotheken und materiellen Verpflichtungen begegnen.

Ob eine Beziehung als wertvoll oder im Extrem als wertlos erachtet wird, hängt von den Verbindungen ab, die die Beziehung ausmachen. Man kann sich diese Verbindungen wie Seile vorstellen. Stellt man die Partner einander gegenüber, dann hält jeder mehrere Seilenden in der Hand, wobei jedes Seil eine Erwartung symbolisiert. Wenn die Enden zweier Seile zwischen den Partnern zusammenkommen (oder der Partner ein Seilende aufnimmt), entsteht eine Verbindung. Diese kann dünn oder dick sein, durch sie kann ein pulsierender Strom oder ein Rinnsal fließen, je nach Qualität und Intensität der jeweiligen Kommunikation. Ebenso kann ein solches Seil reißen, oder die Beziehung kann an einem seidenen Faden hängen.

In meiner Beratung arbeite ich – falls Partner sich fragen, ob sie zusammenbleiben oder auseinandergehen sollen – öfter mit solchen Seilen. Einige Seile symbolisieren das Wertvolle, das Verbindende, weshalb jeder Partner ein Ende in der Hand hält. Andere Seile symbolisieren das Trennende, die unerfüllten Erwartungen. Diese Seile sind nicht miteinander verknüpft, sie liegen ganz oder mit einem Ende auf dem Boden. So erforschen die Partner, was sie miteinander haben und was nicht. Ein Blick auf die Seile macht dann jedem Partner deutlich, welchen Wert die Beziehung für ihn hat. Wer beispielsweise fünf Seile in der Hand hält, von denen vier Seilenden auf dem Boden liegen, während lediglich ein Seil mit dem Partner verbunden ist, der kann sich fragen, ob die Beziehung noch Sinn für ihn macht. Es müsste sich schon um eine besonders wichtige und starke Verbindung handeln.

Der Wert einer Beziehung lässt sich auch auf einem anderen Weg, anhand einer Vorstellung, abschätzen. Dazu stellt man sich vor, wie das Leben ohne diese Beziehung wäre. Was würde fehlen, wenn wir auseinandergingen? Wenn ihnen ihr Leben ohne die Beziehung schlechter erscheint als mit ihr, entscheiden sich Partner in der Regel für das Zusammenbleiben. Erst wenn sie glauben, das Leben mit der Beziehung sei schlechter als das Leben ohne sie, und wenn sie davon überzeugt sind, da draußen warte etwas Wertvolleres, erwägen sie ernsthaft eine Trennung.

Die Wertschätzung der Beziehung muss bei den Partnern übrigens nicht identisch ausfallen. Beispielsweise können sich beide einig sein, eine «harmonische, vertraute» Beziehung zu führen, aber ein Partner findet das toll und wünscht sich nichts anderes, während das dem anderen zu wenig ist. Jeder hat seinen eigenen Standpunkt und seine eigene Einschätzung davon, was die Beziehung ihm bedeutet.

Allerdings ist mir im Laufe der Jahre etwas aufgefallen. Wenn Paare in die Beratung kommen, haben sie den Blick meist auf einen Mangel gerichtet. Wenn sie dann auch die guten Verbindungen berücksichtigen, verändert das oft ihre Einschätzung der Beziehung. Der starre Blick auf den empfundenen Mangel kann die Beziehung wertlos erscheinen lassen. Dieser Eindruck löst sich in einer Wertschätzung dann womöglich auf. Ich erinnere mich an einen Mann, der seine Beziehung als gescheitert betrachtete, weil darin nach

199 *Leben, was man miteinander hat*

12 Jahren zwar noch Sexualität, aber keine sexuelle Leidenschaft mehr vorkam. Im Gesamtblick erkannte er dann, wie viel ihm die Beziehung gab – Kinder und damit eine Familie, geistigen Austausch, geteilte Freizeit, persönliche Bestätigung.

Aus einer zuvor als mangelhaft erlebten Beziehung wird in der Wertschätzung möglicherweise eine erhaltenswerte oder sogar wertvolle Beziehung. Wer sagt, seine Beziehung sei zu 70 Prozent wertvoll, der zieht eine positive Bilanz. Zugleich sagt er aber auch, dass er zu 30 Prozent unzufrieden mit der Beziehung ist.

Verzichten ja – aber der Beziehung zuliebe

Was geschieht mit den unerfüllten Wünschen, mit den übrigen 20 oder 30 oder vielleicht sogar 40 oder 50 Prozent, für die die Beziehung nicht sorgt? Müssen Partner auf deren Erfüllung verzichten? Sollten sie sich diese Wünsche vielleicht sogar verkneifen? Ich meine, das wäre keine gute Idee. Wer eines Tages zum Opfer seiner unerfüllten Wünsche werden will, der braucht sie nur konsequent zu leugnen. Sie werden sich dann maskieren und in Träumen oder psychischen oder körperlichen Symptomen auftauchen.[16] Wer sich einredet, er brauche keine Sexualität, nur weil in der Beziehung keine vorkommt, der steht auch nicht besser da als jemand, der sich einredet, in der Beziehung müsse unbedingt Sexualität vorkommen, nur weil ein Partner sich das wünscht. Der Erste setzt sich, der Zweite die Beziehung unter Druck, und beides wird Folgen haben.

Was also tun mit offenen Erwartungen? Eine Möglichkeit wäre, sie zu haben, ohne etwas daran und damit zu tun. Man kann Wünsche haben, ohne sie erfüllen zu müssen oder diese Erfüllung einzufordern. Es ist möglich, sich zu sehnen, ohne dieser Sehnsucht nachzugehen. Das hat nichts mit Verdrängung zu tun. Vom Wunsch zu wissen, ohne ihm nachzugehen, ist in jedem Fall seiner Verdrängung vorzuziehen. Bis zu einem gewissen Grad kann man Wünsche einfach offen lassen. Das bedeutet natürlich einen Verzicht. Nicht den Verzicht auf den Wunsch selbst, aber auf dessen momentane Erfüllung.

Für jede Beziehung scheint ein gewisser Verzicht nötig. Das ist der Verzicht darauf, ein bestimmtes Bedürfnis *mit diesem Menschen* (in dieser Phase oder überhaupt) erfüllen zu können. Ich gebrauche absichtlich nicht die Formulierung «*In* einer Beziehung ist Verzicht nötig», sondern ich sage: «*Für* eine Beziehung ist Verzicht nötig.» Das ist ein Unterschied. Wenn *in* der Beziehung verzichtet wird, erscheint die Beziehung wie ein von leeren Flecken durchzogener Ort, wie eine Landschaft mit Wüstenabschnitten. So gesehen würde die Beziehung Mängel aufweisen. Das tut sie aber nicht, denn es ist der eine oder andere Partner, der den Mangel erlebt. Wenn man hingegen davon spricht, *für* die Beziehung zu verzichten, ist die Beziehung so, wie sie ist, vollständig, weil die Partner das ihnen Mögliche miteinander leben. Es lassen sich lediglich bestimmte Bedürfnisse des einen oder anderen Partners nicht darin unterbringen.

Ähnlich verhält es sich mit einer anderen verbreiteten und nicht weniger falschen Verzichtsformel, in der gesagt wird, man verzichte dem «Partner zuliebe». Diese Formulierung veredelt den Verzichtenden und bringt den Partner in eine

Schuldnerposition. Früher oder später soll er seine Schulden dann zurückzahlen. Das wird mit der Forderung «Dir zuliebe verzichte ich auf dies und jenes, und deshalb musst du …!» begründet. So wird aus einer Beziehung ein Geschäft, was bestenfalls für eine rein partnerschaftliche Verbindung Sinn macht und auch dort nur eingeschränkt. Aber die Liebe und auch die Freundschaft lassen sich nicht in Kilogramm Verzicht pro Jahr aufrechnen.

Aus der Partner-Perspektive sieht es tatsächlich so aus, als würde man *dem Partner* zuliebe verzichten. Dieser Eindruck täuscht. Tatsächlich verzichtet ein Partner *der Beziehung* zuliebe. Er verzichtet auf die Erfüllung eines Bedürfnisses, um die Beziehung für sich zu erhalten. Wer aber die Beziehung seinen eigenen Bedürfnissen zuliebe erhalten will, der kann den Partner schlecht für diesen Verzicht verantwortlich machen. Es ist eben ein Unterschied, ob man sagt: «Ich muss auf Leidenschaft verzichten, weil du mich nicht begehrst», oder ob es heißt: «Ich verzichte auf Leidenschaft, weil mir die Beziehung so viel bedeutet.»

Der Beziehung zuliebe auf eine Erwartung zu verzichten meint: der Verbindung zuliebe, der erlebten Liebe zuliebe. Deshalb hat solch ein Verzicht nichts mit dem oft geforderten Kompromiss zu tun, der ein vernunftbetontes Entgegenkommen bedeutet. Ein Verzicht beruht auf Einsicht in Wesen und Wert der Beziehung, nicht auf Berechnung. Beispielsweise auf der Einsicht, dass «uns beiden etwas Bestimmtes nicht miteinander möglich ist und wir uns dennoch lieben». Wer auf diese Weise verzichtet, der bringt ein Opfer. Opfer werden aus Liebe gebracht, und wer der Beziehung zuliebe etwas opfert, der tut das gerne und trägt es dem Partner nicht nach. Es wäre sinnlos, dem Partner das eigene Opfer vorzuwerfen, weil man das Opfer selbst auf den Tisch gelegt hat.

Ob jemand aus Liebe etwas opferte oder im Kompromiss auf etwas verzichtete, zeigt sich spätestens, wenn das Thema Trennung auftaucht. Wenn dann der Vorwurf laut wird: «Wegen dir habe ich meine Karriere vernachlässigt», steht dahinter die Enttäuschung, dass ein Kalkül nicht aufgegangen ist. In diesem Fall ein partnerschaftliches Kalkül, dem man besser mit einem Ehevertrag nachgekommen wäre. Der Verzicht wird wie eine Leistung gesehen, für die der Partner eine Gegenleistung schuldig bleibt; und dann fühlt sich der Betreffende reingelegt und sinnt nicht selten auf Rache. Ein Rosenkrieg lässt unter den Umständen dieser Motiv-Vermischung nicht lange auf sich warten.

Der gut gehandhabte Verzicht in Beziehungen geschieht als Opfer, von dem beide Partner wissen sollten, auch der Beschenkte. Aber einverstanden damit muss in erster Linie der Opfernde selbst sein. Er braucht das Gefühl, das Opfer gebracht zu haben, also selbst aktiv gewesen zu sein und selbstverantwortlich gehandelt zu haben. Dann lautet die entsprechende Formulierung im Trennungsfall: «Ich habe der Beziehung zuliebe auf meine Karriere verzichtet, und ich habe es gern getan.»

> Wer seiner Beziehung zuliebe auf etwas Wichtiges verzichtet, für den muss die Beziehung noch wichtiger sein als die Erfüllung anderer Wünsche oder Bedürfnisse.

Die Frage beim Verzicht ist letztlich also, wie leicht oder wie schwer er fällt. Zu schwer darf er nicht fallen, wenn die

Beziehung fortgeführt werden soll. Die Beziehung muss das Opfer wert sein. Dieser Wert wird mit Blick auf die Möglichkeiten der Beziehung erkannt. Es ist ein Blick auf die reale Verbindung, nicht in die Lehrbücher oder in die eigenen Vorstellungen. Manchen gelingt dieser Blick in die Realität nicht. Sie erkennen dann erst nach einer Trennung, was sie tatsächlich verloren haben.

Für eine gute Beziehung lässt sich auf einiges verzichten, wenn auch nicht auf alle Erwartungen. Dass bestimmte Wünsche mit *diesem* Menschen nicht erfüllbar sind, bedeutet indes nicht, man könne sie überhaupt nicht erfüllen. Darauf komme ich gleich zurück.

Das Geheimnis glücklicher Paare

Paare, die ihre Beziehung wertschätzen und deshalb lange Zeit oder sogar ein Leben lang zusammenbleiben, können sich mit einigem Recht als glückliche Paare bezeichnen. Damit meine ich aber nicht jene sogenannt erfolgreichen Paare, die seit einer Publikation von J. P. Gottmann und anderen scheinwissenschaftlichen Veröffentlichungen durch die Ratgeberliteratur geistern. Diese erfolgreichen Paare machen angeblich alles richtig, weil sie die «sieben Geheimnisse der Liebe» beherzigen. Sie kommunizieren effektiv, bewältigen den Alltag erfolgreich, meistern den Stress, verhalten sich positiv zueinander, streiten gut, kooperieren miteinander und pflegen ihre Intimität. Diese Beziehungen gelingen also aufgrund besonderer Fähigkeiten der Partner, und nebenbei wird diesen Beziehungen eine geradezu ideale Vollständigkeit unterstellt. Woher diese besonderen Fähigkeiten stammen und ob jeder sie erlernen kann, bleibt allerdings offen, ebenso wie bezweifelt werden darf, dass diese Beziehungen tatsächlich alles liefern, was die Partner sich wünschen. Gegenüber solchen Vorzeigepaaren ist meiner Ansicht nach eine gehörige Portion Misstrauen angebracht.

Dass sich Paare als glücklich bezeichnen, sagt zudem nichts über die konkrete Beschaffenheit ihrer Beziehung aus. Manche sind glücklich, weil sie nach Jahren keine Sexualität mehr miteinander haben, andere sind glücklich, weil Sexualität bei ihnen noch vorkommt. Manche sind glücklich, weil sie nie streiten, andere sind glücklich, dass sie streiten können. Manche teilen die Freizeit miteinander, anderen graust davor. So ist jeder auf seine Weise glücklich.

Leben, was man miteinander hat

An welchem Glück soll man sich also orientieren? Ich halte nichts von Vergleichen oder Vorgaben. Beziehungen halten in Wirklichkeit nicht, weil Partner die angeblichen Spielregeln der Liebe und die Gesetze der Partnerschaft einhalten. Beziehungen gehen weiter, solange Partner das Scheitern bewältigen, das Scheitern bestimmter Hoffnungen, Erwartungen und Wunschträume.

Um das Erfordernis, für eine konkrete Beziehung bestimmte Erwartungen aufzugeben, kommen auch die glücklichen Paare nicht herum. Jede Beziehung lässt Wünsche offen. Damit ist die Beziehung jedoch nicht gescheitert. Sie besteht aufgrund ihres großen Wertes weiter und macht dadurch den Partnern gegenüber eine Aussage. Diese lautet: «Ich erfülle vielleicht nicht alle eure Erwartungen, aber ich habe einen hohen Wert!» Als Nächstes sagt die Beziehung: «Ihr habt euer Bestes getan, mich an eure Erwartungen anzupassen. Jetzt habt ihr mein Wesen anerkannt.» Und dann folgt eine wichtige Aufforderung, welche die Dauer der Beziehung in Aussicht stellt: «Jetzt passt euch *an mich* an!» In dieser Anpassung der Partner an ihre Beziehung besteht das eigentliche Geheimnis glücklicher Paare.

Glückliche Paare haben aufgehört, ihre Beziehung an die eigenen Vorstellungen anpassen zu wollen, stattdessen passen sie sich an ihre Beziehung an.

Glückliche Paare haben aufgehört, ihre Beziehung als Selbstbedienungseinrichtung zu sehen, stattdessen schätzen sie die Liebe, die ihnen möglich ist, und stellen sich dazu auf ihre Beziehung ein.

Wie passt man sich an seine Beziehung an, und wie stellt

man sich auf sie ein? Das sollte nach allem hier Geschriebenen leicht nachvollziehbar sein. Wenn die Beziehung einen partnerschaftlichen Schwerpunkt hat, dann ist man verlässlich, ehrlich, vertrauenswürdig und respektvoll, verhandelt miteinander und schließt Kompromisse. Hat die Beziehung einen freundschaftlichen Schwerpunkt, tut man sich gegenseitig Gutes, verreist miteinander, pflegt gemeinsame geistige oder sonstige Interessen und unterstützt sich gegenseitig in der psychischen Entwicklung. Ist die Beziehung schwerpunktmäßig emotional/leidenschaftlich, zollt man dem Abstand – entweder dem räumlichen oder dem psychischen Abstand – besonderen Tribut, damit das Begehren auftreten kann, und hält einander nicht Tag und Nacht das Händchen. Und wenn sich aufseiten eines Partners etwas ändert, dann respektiert man dies und sucht nach Wegen, es in die Beziehung aufzunehmen.

Glückliche Paare tun, was ihrer Beziehung guttut

Glückliche Paare konzentrieren sich auf ihre Beziehung, darauf, was zusammenpasst, und gehen auf die Bedingungen ein, die ihre Beziehung *ihnen* stellt. Es ist fast so, als würde die Beziehung vorschlagen: «Tut, was *mir* guttut, dann bleibe ich euch erhalten», und als hätten die Partner diese Botschaft verstanden. Gleichzeitig unterlassen sie möglichst das, was ihrer Beziehung schadet. Was der Beziehung guttut, ist nicht unbedingt identisch mit dem, was die Partner wollen. Glückliche Paare haben das erkannt. So wie die Partner, die mir folgende Zuschriften schickten:

*Es tut uns nicht gut, lange Zeit getrennt zu sein,
wir verlieren dann den Kontakt zueinander und
haben Schwierigkeiten, den Faden wieder aufzunehmen. Wir achten darauf, nie lange auseinander
zu sein. Das hat sich seit 34 Jahren bewährt.*

*Wir verreisen unheimlich gern miteinander, weil
unterwegs die Leidenschaft aufblüht. Im Alltag
kommen wir nicht so gut miteinander zurecht.
Dort haben wir alle Zuständigkeiten so aufgeteilt,
dass wir uns in Ruhe lassen und Konfliktpunkte
gar nicht erst aufkommen. Wir sind wesensmäßig
zu unterschiedlich und wollen den Stress nicht
haben, den der Alltag oft mit sich bringt.*

*Es liegt uns beiden viel an der Sexualität. Die ist
miteinander so tief, wie das vorher nie der Fall
war. Aus dem Grund haben wir getrennte Wohnungen behalten. Wenn einer allein sein will, kann
er dem anderen aus dem Weg gehen. Wir haben
auch Harmonie, aber nicht durchgängig, sondern
nur, wenn wir uns genügend Platz lassen. Wenn
wir uns einige Wochen am Stück im gleichen Haus
aufhalten, fangen wir an, uns zu nerven.*

Solche Paare haben ihr Paarglück gefunden. Sie haben im
Laufe der Zeit herausgefunden, was der Beziehung guttut
und was ihr schadet; und sie haben sich auf diese Bedingungen eingestellt. Sie fragen nicht allein: «Was will ich, oder
was willst du?», sondern sie fragen: «Was tut *uns* – also der
Beziehung – gut?» Sie arbeiten nicht an ihrer Beziehung, sie

208   LEBT DIE LIEBE, DIE IHR HABT

stellen sich keine «Wachstumsaufgaben», sie gehen nicht zum Paarpsychologen, um die perfekte Beziehung zu erschaffen. Vielmehr haben sie ein Gespür für ihre Beziehung entwickelt, für die Antwort der Beziehung auf ihr Verhalten. Diese Paare erleben ein Glück, das nichts mit AMEFI-Vorstellungen zu tun hat. Es ergibt sich vielmehr aus den Möglichkeiten ihrer konkreten Beziehung.

Wie halten Beziehungen in Zeiten der Individualisierung?

Dieses Buch geht der Frage nach, wie Beziehungen halten. Bezogen auf die Vergangenheit, wäre die Frage einfach zu beantworten. Dann würde es genügen, möglichst viele Abhängigkeiten voneinander herzustellen, also viele Kinder in die Welt zu setzen, gemeinsamen Besitz zu schaffen und für soziale Eingebundenheit zu sorgen. Doch so hielten einst arrangierte Partnerschaften und Vernunftehen, aber keine modernen Liebesbeziehungen. Die eigentliche Frage, der dieses Buch nachgeht, lautet daher: Wie halten Beziehungen unter heutigen Lebensbedingungen, also in Zeiten zunehmender Individualisierung? Die obigen Beispiele weisen darauf hin, dass es eine pauschale Antwort auf diese Frage nicht gibt. Zum Thema der individualisierten Liebe habe ich ein eigenes Buch geschrieben, *Und sie verstehen sich doch*. Hier soll der Hinweis genügen, dass in Zeiten der Individualisierung auch Beziehungen individualisiert sind.

An Beziehungen allgemeingültige Maßstäbe anzulegen wird der Mehrzahl der Beziehungen nicht gerecht. Auch sogenannte wissenschaftliche Maßstäbe helfen da nicht weiter. Beispielsweise gilt es in der Paartherapie inzwischen als ausgemacht, dass Streit notwendig ist, um eine Beziehung zu erhalten. Wie passen zu dieser Behauptung die zahlreichen Paare, die betonen, sie hätten sich ein Leben lang nie gestritten und wären nur aufgrund dieser Harmonie zusammengeblieben? Nicht angezweifelt wird auch die verbreitete Behauptung von Paarpsychologen, Beziehungen würden auf Sexualität beruhen. Wie passt das zur vorne zitierten Untersuchung von Langzeitpaaren, von denen nur 4 Prozent Wert auf Sexualität legten? Ebenso unverdrossen wird von vielen Paartherapeuten behauptet, Beziehungen würden umso länger halten, je gründlicher Partner ihre psychischen Probleme (beispielsweise Neurosen) ausgeräumt haben. Wer jedoch tiefere Einblicke in Beziehungen hat, kommt irgendwann zu dem Schluss, dass viele Beziehungen gerade aufgrund neurotischer Persönlichkeitsanteile der Partner halten.

Die Aufforderung «Lebt die Liebe, die ihr habt!» lässt jede Verallgemeinerung außer Acht. Beziehungen halten aus meiner Sicht, solange sie einen bestimmten Wert für zwei bestimmte Menschen haben. Dabei ist es völlig gleichgültig, ob die Liebe der Partner leidenschaftlicher, freundschaftlicher oder partnerschaftlicher Art ist oder wie sich diese Motive – auch abhängig von den Umständen und der Zeit – miteinander vermischen.

Ein individuelles Leben, unabhängig
vom Partner

Eine Langzeitbeziehung ist eine konkrete Antwort auf die Frage, was zwei bestimmten Menschen miteinander möglich ist. Das mag viel sein, es mag wertvoll sein, aber es ist nicht unbedingt alles. Wer akzeptiert, nicht alles mit seinem Partner zu haben, steht vor der Frage, wie er mit seinen unerfüllten Wünschen und Bedürfnissen umgeht.

Der scheinbar einfachste Umgang mit unerfüllten Bedürfnissen besteht darin, sie der Beziehung aufzuladen. Die Nachteile dieser aus der Partner-Perspektive kommenden Haltung habe ich umfassend beschrieben. Von seiner Beziehung alles zu erwarten ist eine sichere Methode, sie in die Knie zu zwingen oder gar ihr Ende herbeizuführen. Aber diese Vorgehensweise ist nicht nur bequem, sie ist in vielen Fällen auch unehrlich. Wer beispielsweise Lebendigkeit oder Sexualität oder Nähe vermisst, schiebt diesen Mangel einfach seiner Beziehung in die Schuhe. Oftmals will er sich damit eine unbequeme Wahrheit ersparen. Diese Wahrheit lautet: «Ich vermisse zwar Lebendigkeit oder Sexualität oder Anregung oder Nähe – aber wenn ich ehrlich bin, vermisse ich es *nicht mir dir*.»

Ein Partner mag leidenschaftliche Sexualität vermissen, aber begehrt er tatsächlich seinen Partner, oder will er bloß begehrt werden? Ein Partner mag sich in der Freizeit langweilen, aber erlebt er mit seinem Partner tatsächlich spannende Momente und kleine oder große Abenteuer, oder will er nur bedient werden? Ein Partner mag Freundschaft vermissen, aber ist er wirklich zum Austausch guter Taten bereit, oder will er nur bekommen? Ein Partner mag Anregung vermissen, aber teilt er die geistigen, politischen oder sonstigen Interessen seines Partners in einer seinem Wunsch entsprechenden Weise, oder will er nur unterhalten werden?

Die Unehrlichkeit vieler Partner bezüglich dieser Fragen sich selbst und dem anderen gegenüber erklärt einiges von ihrer Unzufriedenheit. Unter dem Anspruch des AMEFI-Ideals darf die Wahrheit nicht ausgesprochen werden, zumindest bestehen diesbezüglich Hemmungen. Das Verschweigen der Unterschiedlichkeit geschieht um des Friedens willen, obwohl genau dadurch irgendwann Konflikte ausbrechen. Die unausgesprochene Wahrheit lautet in vielen Fällen: «Ich möchte gar nicht alles mit dir haben, denn mit anderen Menschen lassen sich bestimmte meiner Bedürfnisse viel besser erfüllen – und ich möchte das auch tun.»

Manches will man nicht mit dem Partner haben. In der Beratung taucht diese unbequeme Wahrheit oft dann auf, wenn ein Partner sich selbst offenbart. Dann sagt er vielleicht: «Ich jogge jetzt seit Jahren hinter dir her und habe die Nase voll davon, mich auf dich einzustellen!», oder: «Wenn du unbedingt dieses Hobby ausüben willst, musst du das zukünftig ohne mich machen.» Beziehungen, die solchen und anderen Unterschieden Rechnung tragen und die auch ein unabhängiges Leben zulassen, haben oft eine erhöhte Chance, von Dauer zu sein.

Den unterschiedlichen Bedürfnissen der Partner kann im Bereich der Freundschaft am ehesten entsprochen werden. Die Empfehlung «Suchen Sie sich einen eigenen Freundeskreis» findet sich daher in den meisten Ratgeberbüchern. Schon schwieriger wird es, wenn Partner keine oder nur teilweise eine partnerschaftliche Bindung miteinander eingehen wollen. Womöglich wird dann getrennte Kasse gemacht, oder es werden sogar getrennte Wohnungen behalten. So verzichtet man auf ein Stück Alltagsbegleitung. Am schwierigsten lassen sich unterschiedliche Interessen und Bedürfnisse im Bereich der leidenschaftlichen Liebe berücksichtigen. Deshalb einigen sich relativ wenige Paare auf einen großzügigen Umgang mit Sexualität außerhalb ihrer Beziehung oder gestehen sich gar die Möglichkeit zu, Nebenbeziehungen zu führen. Gerade deshalb ist der heimliche Seitensprung recht verbreitet.

Partner haben ein individuelles Leben, unabhängig von ihrer Beziehung; und sie sollten sich dieses Leben im Rahmen ihrer Möglichkeiten zugestehen, wenn sie ihre Beziehung damit entlasten können. In der Beziehungspraxis sieht das unter extremen Umständen beispielsweise so aus:

Ein Mann kam im Alter von 58 Jahren zu dem Ergebnis, dass Sexualität ihm nichts mehr bedeute. Seiner 45-jährigen Frau, für die Sexualität mit zunehmendem Alter wichtiger wurde, machte er klar, nicht mehr ihr Liebhaber sein zu können, die Beziehung aber gern als ihr Lebenspartner und Seelengefährte weiterführen zu wollen. Die Frau beanspruchte daraufhin das Recht, sich einen Liebhaber zu nehmen. Die Beziehung blieb erhalten, auch wenn diese Regelung anfangs nicht unproblematisch umzusetzen war und es zwei Jahre dauerte, sich mit dieser ungewöhnlichen Vereinbarung sicher zu fühlen.

Ein Paar, das durch eine langjährige emotionale und sexuell leidenschaftliche Beziehung verbunden war, eröffnete gemeinsam einen Internetversand. Nach zwei Jahren war ihre Beziehung durch die partnerschaftlichen Auseinandersetzungen um Strategie und Geld derart belastet, dass sie ihre geschäftliche und damit partnerschaftliche Verbindung

213   *Leben, was man miteinander hat*

wieder lösten. Anfangs empfanden die beiden dies als ein Versagen, aber als die Beziehung sich besserte, war ihnen klar, dass partnerschaftliches Wirtschaften nicht «unser Ding» ist.

Auch beim individuellen Leben, das unabhängig vom Partner geführt wird, kommt es darauf an, die Antwort der Beziehung auf die jeweiligen Freiräume wahrzunehmen. Eine Beziehung verkraftet eine Nebenbeziehung, während eine andere Beziehung daran zugrunde ginge. Die Aufforderung «Lebt die Liebe, die ihr habt» ließe sich ergänzen durch «und lasst euch Freiräume, soweit sie euch möglich sind». Das können Freiräume in der partnerschaftlichen, der freundschaftlichen oder der leidenschaftlichen Liebe sein.

Ein eigenes Leben unabhängig von der Beziehung zu haben und ein solches dem Partner zu gönnen gehört sicher auch zu den Geheimnissen glücklicher Paare.

Fazit zu diesem Buch

Wenn Sie zuvor ein Anhänger der AMEFI-Vorstellung waren und jetzt, am Ende des Buches, folgende Aussagen unterschreiben können, dann habe ich meiner Meinung nach gute Arbeit getan und vielleicht sogar dazu beigetragen, dass Sie Ihre bestehende Beziehung trotz scheinbarer Unvollkommenheit in einem anderen Licht sehen:

- Alles-Mit-Einem-Für-Immer-Beziehungen
  sind eine zugegeben schöne Illusion. Partner
  können den Eindruck gewinnen, alles mit-

einander zu haben, aber dieser Eindruck hält nicht ewig. Dennoch können Beziehungen genug geben und für die Partner wertvoll genug sein, um sie aufrechtzuerhalten, gern auch lebenslang.

- Konfliktfreie Beziehungen sind unmöglich, weil Partner erst an Konflikten merken, dass sie sich selbst verändert haben. Beziehungen brauchen diese Konflikte sogar, um sich regulieren zu können oder, anders gesagt, um Partner zu einer Anpassung an Veränderungen zu bewegen.

- Eine Beziehung geht nicht deshalb weiter, weil die Partner alles richtig machen, sondern weil sie das Scheitern von Erwartungen, Hoffnungen, Plänen und Absichten gemeinsam bewältigen wollen.

- Illusionen loszulassen kann mitunter schwerfallen oder schmerzhaft sein, danach aber hat man die Hände frei, um das anzupacken, was miteinander möglich ist.

- Es gibt so viele unterschiedliche Beziehungen, wie es unterschiedliche Menschen gibt. Ich muss in kein Konzept passen, sondern kann die Beziehungsform entdecken, die zu mir/zu uns passt.

- Eine Beziehung muss nicht alles geben, es genügt, wenn sie schön ist, wenn sie wertvoll ist, wenn sie zufrieden macht, wenn das Leben mit ihr besser scheint als das Leben ohne sie.

215 *Leben, was man miteinander hat*

- Wenn eine Beziehung beim bestem Willen und trotz aller Bereitschaft, sie auszuloten, unzufrieden macht, ist es völlig in Ordnung, sich zu trennen. Das bedeutet kein Versagen, sondern es bedeutet: «Mehr war uns miteinander nicht möglich.»
- Es gibt ein Leben, unabhängig von der Beziehung. Je klarer sich die Partner die Erlaubnis dazu geben, desto mehr ist ihre Beziehung von überzogenen Erwartungen entlastet.

Umgang mit schwierigen
Situationen und Phasen

Wie ich in diesem Buch betont habe, hängt die Dauer einer Beziehung wesentlich von der Bereitschaft der Partner ab, ihre Probleme gemeinsam zu bewältigen, und davon, ob sie sich auf ihre Beziehung einstellen können oder nicht. Dabei kann die eine oder andere Unterstützung von Nutzen sein, wozu auch eine ergebnisoffene Paarberatung gehört. Lassen Sie mich im Folgenden Hinweise hierzu geben, einmal zur Frage, wie die jeweilige Lösung im Problem enthalten ist, und dann zum Thema «Wer ich sein will». Darüber hinaus möchte ich noch einige Anmerkungen zur Paarberatung machen. In meinem Buch *Der kleine Paarberater* habe ich Hinweise zu mehr als 60 Themen aus dem Bereich Partnerschaft gegeben und einige Übungen angefügt.

Nach im Problem liegenden Lösungsmöglichkeiten forschen

Eine wichtige Anregung dieses Buches lässt sich aus der Darstellung entnehmen, dass Probleme stets Lösungsansätze enthalten. Doch wie findet man diese unbewusst bereits angedeuteten Lösungsmöglichkeiten heraus? Dazu sollten Sie folgende Logik nachvollziehen.

Partner zeigen ein bestimmtes Verhalten. Sagen wir, eine Beziehung fängt mit Harmonie an. Dieses harmonische Verhalten ermöglicht die Beziehung. Wie sieht es genau aus? Die

217 *Leben, was man miteinander hat*

Partner nehmen Rücksicht aufeinander, gehen aufeinander ein, hören einander zu jedem Thema zu, tun viel füreinander. Nennen wir diese Partner die «Rücksichtsvollen». Nun leben sie seit fünf Jahren zusammen, und es bricht oft Streit aus. Darin will jeder den Partner verändern, und schon bald werfen sich die Partner gegenseitig Egoismus vor. Im Streit zeigen sich zwei andere Aspekte namens «Egoistische».

An diesem Punkt müssen Sie Ihr Denken wahrscheinlich umdrehen. Vermutlich halten Sie die Egoisten für das Problem und die Rücksichtsvollen für die Lösung. Aber es ist umgekehrt. Die Rücksichtsvollen haben das Problem geschaffen, indem sie Unterschiede unter den Teppich kehrten, während die Egoisten das Problem lösen wollen, indem sie Unterschiede betonen. Die Lösung liegt in Richtung Egoismus. Die Egoisten wollen endlich Schluss machen mit ständiger Rücksicht, sie wollen ein Muster aufbrechen, und daher liegt die Lösung bei den Egoisten. Das bedeutet nicht, dass nun *jede* Rücksicht beendet wird, aber es bedeutet auf jeden Fall, dass jetzt *mehr* Egoismus nötig ist.

Ich unterscheide in meiner Arbeitsweise der Erlebten Beratung[17] zwischen den Persönlichkeitsanteilen der Partner, die eine schwierige Situation schaffen, und den Persönlichkeitsanteilen, die die festgefahrene Situation aufbrechen wollen. Die Ersten bezeichne ich als Problemfiguren, die Zweiten als Lösungsfiguren. Der Begriff «Figur» meint dabei, dass man ein Verhalten wie eine Person oder Figur sehen und beschreiben kann. Beispielsweise lässt sich ein cholerisches Verhalten durch die Figur «Aufbrausender» oder in ähnlicher Weise beschreiben. Im Grunde lässt sich jedes wichtige Verhalten als Figur beschreiben, die eigenen Impulsen und Handlungslogiken folgt.

Wenn Sie in einer schwierigen Lage die Problemfiguren und die Lösungsfiguren finden wollen, müssen Sie folgende Fragen beantworten: Welches Verhalten hat zu der schwierigen Situation geführt? Was müssten wir tun, um noch mehr Probleme zu haben? Wie nennen wir eine Person, die sich so verhält?» Im obigen Beispiel sind das die «Rücksichtsvollen», noch mehr Rücksicht würde zu noch mehr Streit führen, weil die Partner irgendwann aus der Haut fahren.

Die Lösungsfiguren ergeben sich aus folgenden Fragen: «Welches Verhalten passt nicht zu dem Problemverhalten? Wie zeigt sich Neues oder Ungewohntes? In welche Richtung führt dieses Verhalten? Wie nennen wir jemanden, der sich so verhält?» Im obigen Beispiel sind das die Egoisten. Sie führen zu mehr Abstand und zu neuen Vereinbarungen. Dann können Sie durchspielen, in welche Richtung sich die Lösungsfiguren bewegen, und mit konkretem Verhalten experimentieren.

Sein, wer man geworden ist – die Selbstoffenbarung

Eine zweite wichtige Anregung dieses Buches liegt in der Aufforderung zur Selbstoffenbarung. Diese wird oft durch ungewohntes, manchmal merkwürdiges Verhalten eingeleitet. Man ist im Gegensatz zu früher mürrisch, streitsüchtig, unzufrieden, aggressiv oder distanziert. Unterstellen Sie diesem Verhalten einen Sinn und suchen Sie danach. Wiederum können Sie dem Verhalten eine Figur geben, beispielsweise «der Mürrische» oder «die Aggressive». Interessieren Sie sich dann für diese Person, deren Absichten und

Beweggründe. In dem Verhalten sind sicherlich Fähigkeiten enthalten, die Sie für sich nutzen können.

Beispiel Wut. Wenn Sie auf den Partner wütend sind, ist das ein guter Ansatzpunkt, um festzustellen, welche Erwartungen Sie haben. Führen Sie ein Interview mit «der Wütenden» oder «dem Wütenden» und lernen Sie diese Person besser kennen. Im Laufe dieses Erforschens wird Ihnen klarer werden, wer Sie sein wollen.

Vielleicht ein selbstbestimmter, ein sinnlicher, ein unabhängiger, ein intimer oder sonst wie veränderter Mensch. Wer weiß, wer er sein möchte, der weiß auch recht genau, was er dann tut. Davon sollte er mehr tun und sich dem Partner so als ein veränderter Partner zeigen.

Meiden Sie eine AMEFI-Beratung

Auf dem Markt der Paarberatung wird – wie auf jedem anderen Markt auch – fast alles angeboten, was Partner sich wünschen. Von seriösen Beratungsangeboten bis zu völlig unseriösen Rundum-Versorgungs-Versprechen ist alles zu finden. Sie werden selbst aussuchen müssen, was zu Ihnen passt. Vielleicht kann Ihnen der eine oder andere Hinweis dienlich sein:

- Misstrauen Sie Aussagen, die so oder ähnlich klingen: Es ist alles miteinander möglich, wenn ihr es nur wollt ... Wenn ihr hart genug an eurer Beziehung arbeitet, könnt ihr sie gestalten ... Wenn ihr die nötigen Fertigkeiten erwerbt, bekommt ihr, was ihr wollt ... Wenn ihr unserem Beispiel folgt, gelingt es euch auch.

- Misstrauen Sie einer Beratung auch dann, wenn Formulierungen der folgenden Art darin auftauchen: Sie können Ihr Ziel erreichen, wenn Sie *wirklich* wollen. Es hängt davon ab, ob Sie *tatsächlich* bereit sind. Sie müssen zu *wahrer* Liebe fähig werden. Solche nur scheinbar tiefgründigen Formulierungen weisen darauf hin, dass Sie in ein Glaubenssystem eingeordnet und auf ein Konzept hin passend geformt werden. Machen Sie sich klar, dass zahlreiche Konzepte darüber, wie eine Beziehung auszusehen hat, auf dem Markt kursieren. Das ist auch in Ordnung, schließlich kann jeder glauben, was er will. Nur wird durch den Glauben an ein Konzept keine Wahrheit daraus; und ob das Konzept für Sie brauchbar ist, steht auf einem anderen Blatt. Wenn ein Berater beispielsweise glaubt, «guter Sex ist eine Frage des Willens, ihn zu erarbeiten», oder wenn er davon überzeugt ist, dass das «Beziehungsproblem auf falsche Kommunikation zurückgeht», oder glaubt, «dass zur Liebe der Kompromiss gehört», dann sollten Sie prüfen, ob sich diese Überzeugungen mit Ihren eigenen decken und ob Sie sich auf eine derart zielgerichtete Beratung einlassen wollen.
- Misstrauen Sie auch einem Berater, der sich

selbst als Beispiel für die Wahrheit seiner Thesen darstellt, nach dem Motto: «Es klappt doch bei mir! Warum sollte es mit gutem Willen bei Ihnen nicht klappen?» Ja warum? Weil die Menschen verschieden sind und Sie mit dem, was Ihr Berater für sich erreicht hat, keineswegs zufrieden sein müssen. Außerdem können Sie seine Behauptung nicht überprüfen.

- Misstrauen Sie auch jeder Form von Rezepten. Was für den einen funktioniert, kann für den anderen danebengehen oder bedeutungslos sein. Und misstrauen Sie Beratern, die Ihnen Versprechungen in Bezug auf den Erfolg der Beratung machen. In Wahrheit weiß niemand, was bei einer Beratung herauskommt, ob die Partner danach weiter zusammenrücken oder sich sogar trennen.

Aber vielleicht sollten Sie auch mir misstrauen. Denn auch ich folge bestimmten Überzeugungen und mache Versprechungen. Ich bin – wie Sie sicher bemerkt haben – der Überzeugung, dass Paare, die auf Dauer zusammenbleiben wollen, sich auf ihre Beziehung einstellen und nicht alles von ihr erwarten sollten. Und ich versprach, mein Bestes zu tun, einige Ihrer Illusionen aufzuspüren, damit Sie unnötigen Ballast abwerfen. Ich versprach Ihnen mit der Beziehungs-Perspektive eine neue Sichtweise auf Beziehung. Und ich versprach, Ihnen Anregungen zum Umgang mit Ihrer Beziehung zu vermitteln. Ich hoffe, diese Versprechen in Ihren Augen gehalten zu haben.

Anmerkungen

1 Prof. Dr. Wolfgang Hantel-Quitmann, *Die Liebe, der Alltag und ich*, Freiburg 2006. S. 107 ff

2 5 *Lügen, die Liebe betreffend*, Bergisch Gladbach 2002, 5 *Wege, die Liebe zu leben*, Bergisch Gladbach 2004, *Und sie verstehen sich doch*, Bergisch Gladbach 2006, *Mythos Liebe*, Bergisch Gladbach 2004.

3 Siehe hierzu Michael Mary, *Mythos Liebe*, Bergisch Gladbach 2004

4 Herrad Schenk, *Freie Liebe – wilde Ehe*. Über die allmähliche Auflösung der Ehe durch die Liebe, 1988.

5 Siehe hierzu Dr. Arnold Retzer *Freundschaft. Der dritte Weg zwischen Liebe und Partnerschaft*. www.arnretzer.de

6 Siehe hierzu *Wie Männer und Frauen die Liebe erleben*, Nordholt-Verlag 2006

7 Siehe von Michael Mary die Bücher *Und sie verstehen sich doch*, Bergisch Gladbach 2006, und *Mythos Liebe*, Bergisch Gladbach 2004.

8 Siehe vom Autor *Das Leben lässt fragen, wo du bleibst – wer etwas ändern will, braucht ein Problem*, Bergisch Gladbach 2007

9 Siehe vom Autor *Das Leben lässt fragen, wo du bleibst. Wer etwas ändern will, braucht ein Problem*, Bergisch Gladbach 2007

10 Siehe vom Autor *Erlebte Beratung mit Paaren*, Klett-Cotta 2008

11 Siehe hierzu vom Autor *Change – Lust auf Veränderung*, Bergisch Gladbach 2004

12 Aus Interview mit Dr. Klaus Heer, *Brigitte-Woman* 12/07, Seite 53

13 Wolfgang Krüber, *Liebe, Macht und Leidenschaft*, Freiburg 2006, Seite 35

14 Siehe hierzu vom Autor *Der kleine Paarberater* und *Selbsterforschung*, Schadeland 2008

15 Siehe hierzu vom Autor *Und sie verstehen sich doch*, Bergisch Gladbach 2006

16 Siehe hierzu vom Autor *Change – Lust auf Veränderung*, Bergisch Gladbach 2004

17 Informationen dazu auf der Homepage www.michael-mary.de